成熟世代の生きるヒント

53歳シングルマザー ライフプラン見直しました

星わにこ
監修・安田まゆみ

JN002541

はじめに

きっかけは エンディングノート

子どもが残された時に困らないように、大切な情報をまとめておかなきゃ！

コミックエッセイストの星《ほし》わにこです
フリーランスのシングルマザーで高校生の一人息子と猫２匹と暮らしています
シングルマザー生活の最初は不安だらけでテンパったり
私が！やらないと！
キー！
なんとか生活していくのにいっぱいいっぱいの日々
将来
もや〜〜
はぁ〜
先のことなど考えられない…
そこにコロナ禍で仕事が激減！
さらに体調を崩し寝込んで初めて気がついたのです
ゴホゴホ…
今、私に何かあったら子どもの生活は……
子どもの生活…
お金…
約束…
やりかけの仕事…
もろもろ放置中のあれこれ…
いやこれ相当やばくない？

というのも私は父、母、弟を亡くして家族がおらず
誰が息子の後見人になるんだろう？
離婚してすぐに元夫も病気で亡くなっている状況……
離婚や引越し母や元夫の相続や遺品処理など
やるべき手続きが山積みで自分のことは後回し
大人の私でさえ死後の事務とか大変な作業だったのにちゃんと情報をまとめておかないととんでもないことになるのでは……
体調回復後……
そうだ！エンディングノートを書こう！
message Note
子どものために。。。
猫もニャン
と意気込んで始めたものの
思うように書けず
俺は無能だ…
まっしろ…
エンディングノートのプロに相談！
まかせなさい！

エンディングノートは自分がもし亡くなった時……のためにとばかり思っていましたが
お母さんが長く介護状態になることだってありうるんです
ひぃ〜〜
そ、それは考えてませんでした……
人生は何が起こるかわからないから！
まずは子どもが安心して生活できるように信頼できる大人を配置すること
大人
子
お金もだけど後見人のことが重要だわね
未成年だから…
メモメモ…
あとはあなた自身のライフプランも！
えっ!! エンディングノートなのに？
だってまずは今自分の人生が大事でしょ？
子どもはもちろん大切だけど
これからどう生きたいか考えることから始めましょ
子どものためにとばっかり考えていたのはちょっと違っていたのかも……
自分のことなんてどうでもいいと思ってた……
目ウロコ
ポロ
キャッチ！

それからは
ライフプランや
家計も見直しつつ
子どもにも、よい状態で
バトンを渡せるようにと
考えられるように
なりました
LIFEPLAN
フフ…
ニヤニヤ…
何かいいことあった？
↑長髪になった
エンディングノートは
未来の子どもに
手渡せる
手紙だと思って
書けばいいのかも
人生100年時代――
お金や身体の不安もありますが
現状を知れば
案外なんとかなることもあります
まだまだ人生これから！
子どもの将来へのバトンはもちろん
何より自分の人生も安心して楽しめる
ライフプラン作りをしてみませんか？

53歳シングルマザー ライフプラン見直しました

目次

家計を知る

第3章 どんぶりでOK!! マネープランを知れば不安が消える

cloud

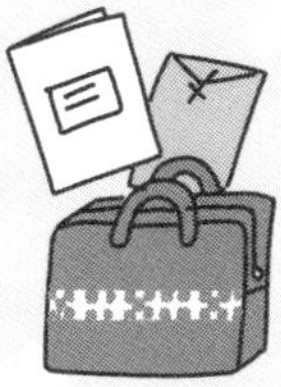

Thank you!

エンディングノート

第4章 未来の自分と子どもへの手紙

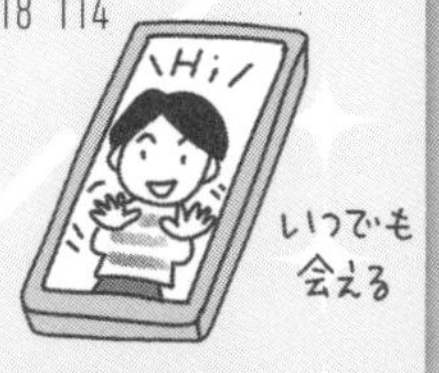
Hi!
いつでも会える

人生の見える化

第1章

私がいなくなったら どうなるの？

話は3年ほど前にさかのぼる……
やばいかも！　保険証や医療情報をまとめて入院セットを作った！
2020年5月
新型コロナによる
緊急事態宣言下——
コロナ関連
NEWS
不要不急の外出は控えて下さい
う〜ん
外仕事がなくなったフリーランスの私は中学校休校の子どもと不安の中なかなか煮詰まった生活をしていました
そんな時体調を崩し……
ヤバイ咳が止まらない……
ゴホ…ゴホゴホ
起き上がれない……困った……
ゴホ…ゴホ…
熱はなかったものの
もしコロナに罹《かか》っていて症状が悪化して入院とかになったら
う〜ん…
入院セット作らないと……
猫…重い…
手続きとかお金とかどうすれば……
見守り隊

私は意外と体が弱くて
急な入院を何度も経験をしたことがありますが
全部、元夫がやってくれたのだった……
その節はどーもありがとう…
くう～ もう自分しか頼れん……
いやいやちょっと待って！私もいなくなったら⁉
ガバッ
子どもが
ひとりぼっちになってしまうよ――？
一親等不在…
そういえば新年会のビンゴで「エンディングノート」をもらったっけ……
あれを…あれを書くべきでは…‼
神様仏様ちゃんとするので今回はどうか治してください……
え～ん…
苦しい時の…
祈りが通じたのか無事回復し
すぐに入院セットを作ったのでした
え～っと
ネットで調べた
着替えと
歯ブラシ…
保険証はコピーして
救急医療情報シートって何だ？
もしもの備えは大切ニャ……

入院準備セット（例）

旅行・出張・防災と
兼用でも!

自分と子どもがさっと持ち出しやすいように、入院に必要な最低限のものを用意しておくと、安心です。体調の悪い時はなかなか用意ができなかったりするもの。
余裕のある時に備えておきましょう。病院によって事情も変わりますので、臨機応変に。
旅行用・出張用・災害時避難用などと内容をすりあわせて、共用にしてもいいかもしれません。

バッグに入れておくもの

□健康保険証のコピー　□連絡先のメモ　□アプリなどのパスワード（PW）のメモ
□保険会社の連絡先　□救急医療情報シート（既往症やアレルギーなどのメモ）
□着替え（着心地のゆるゆる楽なもの）←レンタルもあるのでなくても OK
□薄手のカーディガンなど羽織りものかショール　□洗面用具
□ボックスティッシュ　□ウェットティッシュ　□ビニール袋（レジ袋・ジッパーつき）
□エコバッグや院内移動用のミニバッグ　□現金（小銭も）
□S 字フック　□お箸、スプーン、コップ　□イヤホン　など

モバイル用のポーチ

一緒に持っていきたいもの

□スマホ、タブレット等　□充電器　□ケーブル類（USB ポートつきの延長コードは便利）
□スマホ用イヤホン　□手帳　□筆記用具　など

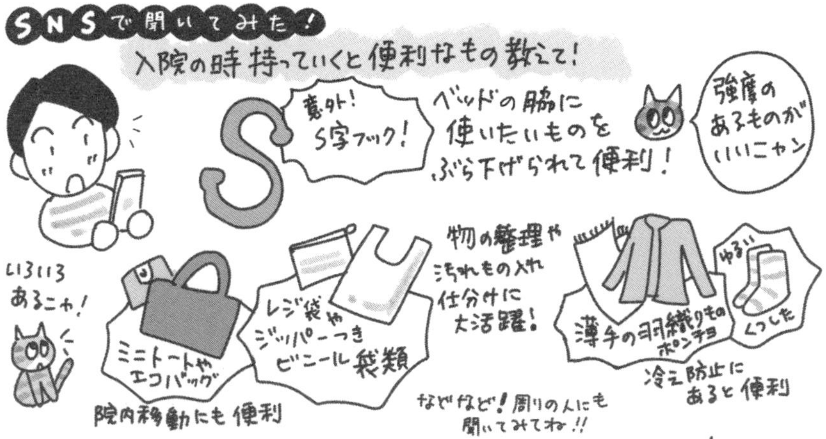
SNSで聞いてみた!
入院の時持っていくと便利なもの教えて!
意外!
S字フック!
ベッドの脇に
使いたいものを
ぶら下げられて便利!
強度の
あるものが
いいニャン
いろいろ
あるニャ!
ミニトートや
エコバッグ
院内移動にも便利
レジ袋や
ジッパーつき
ビニール袋類
物の整理や
汚れもの入れ
仕分けに
大活躍!
薄手の羽織りもの
ポンチョ
ゆるい
くつした
冷え防止に
あると便利
などなど!周りの人にも
聞いてみてね!!

母親が入院してまず子どもが困るのはお金！
封筒に少しまとまったお金を下ろすことができるキャッシュカード等を入れて、何かあったら使うように日頃から伝えておくのも大切です。

必要なお金は
ここから出して!

救急医療情報シート

記入日　　年　月　日

私はこの情報を、救急隊と搬送先の医療機関が救急医療に活用することに同意します。

署名＿＿＿＿＿＿＿＿

私の基本情報

名前（ふりがな）（旧姓）・性別・生年月日・身長体重・血液型
住所・電話番号・メールアドレス
健康保険の種類と記号番号
勤務先・電話番号

緊急連絡先

①名前（ふりがな）・続柄・住所・電話番号・メールアドレス
②
③

かかりつけの医療機関

科目など・病院名・担当医・病名（症状）・連絡先
（主治医、内科、循環器科、眼科、歯科、など）

持病と普段飲んでいる薬

薬の名前・なんの薬か・いつ頃から飲んでいるか
お薬手帳の保管場所

アレルギーと既往症

科目など・病院名・担当医・病名（症状）・連絡先
（主治医、内科、循環器科、眼科、歯科、など）

その他

障がいの有無・ケアマネージャーの連絡先・伝えておきたいこと

エンディングノートが書けない！？

自分のことなのに、わからないことだらけ
後回しのツケがやってきた

おーん…

エンディングノートを書こう！と決意した私
え〜とどこにしまったっけ……
そういうとこやぞ…
あった！
これだ！メッセージノート！
message note
2冊あるぞ？ライフデザイン編とシークレット編？
一般社団法人
エンディングメッセージ普及協会
メッセージノート
Message Note ライフデザイン編
Message Note シークレット編
これはライフデザイン編から書くのかな？
エンディングノートなのにライフデザイン？
私の名前……本籍……
もしもの時の連絡先……
DATA
名前
本籍
もしもの時の連絡先
えーっとこれは子どももよくわかってる友だちと親戚にお願いしよう
あとで頼んでおかなくちゃ…

えーと
主治医……
いきなり書けなくなる…
財産管理人…
後見人…
これ無理かも……
カポーン
でも！やらないと絶対困るやーつ！
子どもと猫が！
やらねば！
なになに…わからないところは飛ばしてもOK 状況は変わるから鉛筆でOK
これ付箋でもいいかな？
と…とりあえずわかるところから埋めるか……
最初にライフプラン？それ、後でよくない？
目次
ライフ＆マネー
1　ライフデザイン
わたしのこれから
ライフプラン
2　資産状況と
プラン
ま、まずはお金のことからじゃね？
大事なことは…
資産状況の把握のページ……
取引銀行一覧
入金、引き落とし
残高
うわ〜！多いっっ！
保険年金
ローン
不動産登記
証券
イタイイタイ

この時は
ただでさえずぼらで
物の管理が苦手なのに
さらに離婚に伴う
二度の引っ越しで
重要書類の場所が
あやふやに
なっていました……
………ヤバイ…
そういえば
亡くなった母は
重要書類を
まとめた
カバンを
作っていたな
一緒に旅行した
石垣島で買ったバッグ
母に
何か
あったら
ここを探せ!
言いつけ
といわれた
ところにちゃんと
置かれていました
ピアノの
裏に…
入っていたもの
不動産の権利書
銀行口座の一覧
通帳・印鑑
保険証券
父と弟の写真
私へのメモ
おかげで
なんとか相続手続きが
できましたが……
な……何この
山林の土地とか
知らんぞ……
岐阜の山奥育ち
40代の自分でも
マジ大変だったのに
ましてや
子どもは
中学生……
後でやろう、は
ダメだよね…
う〜ん
とりあえず
探すものは……
ガンバレ

まとめておきたい！ 重要書類と情報のこと

書類やカード関係

□通帳・印鑑
□クレジットカード
□キャッシュカード
□年金手帳
□健康保険証
□運転免許証
□パスポート
□マイナンバーカード
□不動産の権利書
（自宅の賃貸契約書など）
□保険証券
（生命、医療、介護、年金など）
□損害保険証券
（自動車・火災など）
□証券会社の口座開設書類や取引履歴など
□各種契約書
□エンディングノート
□
□
□

情報

□預貯金の口座情報
□電子マネー
□証券口座
□各種パスワード
□サブスク
□スマホ契約
□プロバイダー契約
□ローン・貸付・保証債務
□健康状態（既往症、主治医）
□もしもの時の連絡先
□
□
□
etc.

身分証明に使えるものは要注意!!
防犯のためにも、わかりやすい場所や
１ヶ所にまとめすぎず、自分できちんと
把握して、伝えられるようにすれば OK!!

ワーッ!
あ〜ッ 結構、大変〜〜〜〜!
普段からちゃんとしておけば…
でも大事!
えいっ!
とどまる時ではないッ!
こうして始めの一歩を踏み出したわにこでした

まずは、家を片付けろ!?

通帳や印鑑はどこ？
パスワードはどうした？
家と頭の大整理！

どれ？

よし！まずは重要書類探しから！
気分は探偵
荷物の中から探し出し集めることから始め
あったあった
in
重要BOX
集めた中から通帳や権利書保険証券など種類別にまとめ直すはずが……
え〜と
生命保険がこれで……
この通帳……印鑑はどっちだ
WEB通帳にしたんだっけ…
あれっパスワード何だっけ……
口座などいつも使うメインバンク以外は
…………
ろくに把握してないことが判明——

落ち着け、わに公――一度にやろうとするから無理なんだ……
心の一人会議
細かく分けてひとつずつ問題を潰していくんだ
まずはやりやすいものからっっ
①身分証明書関係
えーと運転免許証パスポート年金手帳健康保険証よーし
マイナンバーカード……
重要BOX
まだ作ってないんだよね～
通知カードもなくしちゃって…
おい
いちいちマイナンバーが記録された住民票の写しを取りに行くのも大変だし
お金もかかるし…
住民票の写し
マイナポイントがもらえるうちに作っておくか……
よし、これは子どもが高校生になる時に、2人で一緒に作ろう
やることリスト
メモメモ
②ローン・貸付補償債務
ローンは親と元夫のおかげでなし……
分譲マンション
持ち家
マジ感謝…
貸付もなし保証債務……は連帯保証人とかのことか……それもなし

③保険証券
これは離婚した時受取人や住所を変更しまくったから整理できてるはず！
フンス
自慢することか？
生命保険よーし
医療保険よーし
学資保険よーし
個人年金よーし
クリアファイルにまとめてある
火災保険……
あれっ
ヒエエエエエ！
去年で切れとる！
やべえ
速攻で入り直しました
火事怖い…
スミマセン…ハイ、おねがいします
④引き落とし
こうして見ると結構いろいろあるな～
1 マンション管理費
2 駐輪場
3 年金
4 国民健康保険
5 保険掛金
6 電気
7 ガス
8 水道
9 プロバイダー
10 スマホ
11 アマプラ
積立預金
etc
サブスク系もあるんだよね～
仕事で使うものも多いし……
⑤クレジットカード
電子マネー
とりあえず何があるかまとめておかねば……
うわ～管理できてなくね
Pay系や交通カード系もあるし
スマホ決済は便利だから使いすぎてるかも……

⑥銀行口座 預貯金
来ました! 天王山《てんのうざん》!
武者ぶるいっっ

あちこちバラバラ作って使っているのでわかりづらい!
支店が近い
WEBが便利
振込手数料オトク

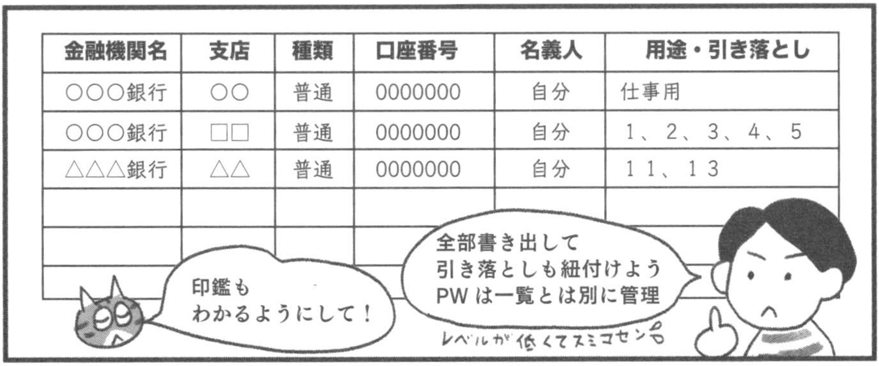

金融機関名	支店	種類	口座番号	名義人	用途・引き落とし
○○○銀行	○○	普通	0000000	自分	仕事用
○○○銀行	□□	普通	0000000	自分	1、2、3、4、5
△△△銀行	△△	普通	0000000	自分	11、13

全部書き出して
引き落としも紐付けよう
PWは一覧とは別に管理
レベルが低くてスミマセン
印鑑も
わかるようにして!

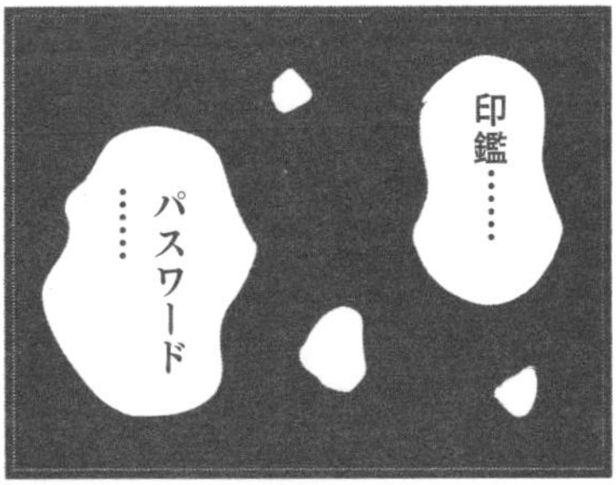
印鑑……
パスワード……

いや! あきらめるな! 今やれば後が楽!
がんばれ私!
ファイト!!
バタバタ

テキトー管理のツケは大きく
パスワードなども
わからないものは再発行して
スマホで残高チェックが
できるように
印鑑も探し出して
紛失したものは再登録しました
コロナ禍で時間がかかることもありましたが
逆に自分にも時間があったので
なんとかやりきりました!
家も片付いて一石二鳥
ポジティブ(笑)
普段からちゃんとしておかないからニャ
でもよくがんばった

ネット口座に40万円!?

存在を忘れていたネット口座に
うれしい残高！
補助金も出てなんとか暮らせる？

口座の残高チェックをしているうちに
あれ そういえば ネットバンクの口座もあったな
お金、残ってたっけ……
残高 ¥400,000ー
って！ 残高40万円!?
ひえ〜 ラッキー!!
外で働く仕事がなくなり収入激減で焦っていましたが
収入
0
3月
4月
5月
ひえー!!
ガク
ガク
家でできる仕事を増やしたり
※ひとり親世帯への給付金や
減収でも個人事業主の持続化給付金など補助のおかげもありなんとか切り抜けられる目《め》処《ど》が
助かった…
感謝！

※筆者の住む自治体では５万円の給付金がありました

エンディングノートを
書けるところだけでも
書いたおかげで
現状もわかり
不安が少し
減りました
そこに子どもの
高校受験が……
公立が第一希望だけど
私立も受験
うわ~
私立って
お金
かかる~
受験料、授業料
制服やカバンなど
かかるお金が桁《けた》違い
私立でも
なんとかなるから
勉強がんばれ！
身長抜かれた
お、おう
ファイトニャン
——といえたのも
そのおかげだと思います
それまでの私だったら
うちは
お金が
ないから
公立しか
受けれんっ
と、根拠なく
決めつけていたかも
しれません……
お知らせ
※調べたら
助成金もあるし
大丈夫!!
なんとかなる!!
でも希望の
公立高校に
受かったことで
本当に本当に
ほっと胸を
撫で下ろしたのは
いうまでも
ありません
ヤッター！

※東京都では独自の助成制度「私立高等学校等授業料軽減助成金」で2020年度より私立も実質授業料無償に（所得制限有）

もしもの時の連絡先は

入院した、意識がなくなったなど
何かあった時に
連絡してほしい人を書いておこう

2021年春
大腸ポリープの検査後、日曜日に出血があり
ぎゃあああ
血があああ
TOILET
緊急入院することに……
……やってもうた……
作っておいた入院セットはめちゃくちゃ役に立ちました
備えあれば憂いなし…
血が出た時、友人グループのメッセンジャーやLINEで相談してアドバイスをもらい検査をした病院が休院のため緊急医療相談をしたりして
どうしよう
血が
すぐ病院行きな!
結局どこの病院でも診察を断られ、最終的に救急車をお願いしてなんとか入院
すみません
歩けますか?
友人が家に来て子どもにご飯を食べさせてくれ差し入れを置いていってくれました
焼肉弁当食った
ありがとう
ありがとう

この時、身につまされたのは
あ〜……
保証人
2人……
入院の時の保証人の欄
保証人
ごめん
名前
書かせて
ね……
イイヨー
近くに住む従姉妹《いとこ》の娘と
友人の名前を
書かせてもらいました
この時、自分が
親兄弟のいない
シングル
マザーで
あることを
思い知り
ました
やっぱり
困るよねえ……
喉元過ぎればなんとやらで
書きかけで
放置していた
エンディングノートを
Message Note
今度こそ
完成させようと決意
自力では無理——
と悟ったので
プロに相談することに
やっぱり
このノートをくれた
安田《やすだ》先生に
相談して
みよう
ドド
Message Note
意外に
人見知り
ニャンね
何気なく友人に
話してみたところ
安田先生？
今度
お会いする
わよ！
え！
マジで！
友人につないで
もらって
先生に
相談できる
ことになりました
RRR…

マネーセラピスト・
一般社団法人エンディング
メッセージ普及協会理事長
安田まゆみ先生
こんにちは、安田です！ご相談はどんなことですか？
オンライン相談
よろしくお願いします！
えっと私はシングルマザーなんですがエンディングノートが書けなくて……
あー
お子さんは？
高校1年生です
ご主人は？
離婚後亡くなりました親兄弟もいません
天涯孤独系ね……エンディングノートは必要ね
そうですよね～そう思うんですが
……
書けないんです！
空欄ばっかで
それは仕方ないわよー
えっ
だいたいエンディングノートっていうのはリタイア世代に向けて作ってあることが多いから……
どんどん状況が変わる現役世代は付箋《ふせん》を活用したりして必要な情報をアップデートする工夫をしないと

まずはとにかく「もしもの時の連絡先」をしっかり整理しましょう！
ビシィッ
SOS!
何かあったら誰に助けを求めるのか
わかっているだけでも安心でしょう？
お母さんが動けない時子どもをサポートしてくれる大人を頼んで配置しておきましょう
母の仕事
支払い
お金
食事
生活
銀行
悩み
習い事
部活
学校
勉強
不安
ペット
病院
病院
保険
医療
世話
etc
親せき
あなたはフリーランスでしょ今やっている仕事の連絡先も
あっ
常に書いておかないと
ポロ
最初、後回しにしてしまった
連絡先
大切だった…
実はシングルマザーにとって最優先事項だったのでした
危機感なさすぎニャ

※家族の介護やケアなどを担う18歳未満の子ども

あなたの場合お子さんの後見人を誰にするかとかお金の管理とかなくなる場合だけじゃなく※ヤングケアラーになる可能性とか考えることはいっぱいなのよ
ひえ〜
未成年大変すぎる〜
でもまずは信頼できる大人にきちんと繋がれるようにしておくのが第一です！
わかりました！
お金の心配はもちろんなんだけど最初に子どもが安心できるように頼れるところを書いておいてね！
当座のお金とキャッシュカード
エンディングノート
HELP
親兄弟や元夫に頼れる人はそれでいいしよく事情を知っている友人でもいいし相談できる行政や専門家でもOK
子どもがわかりやすいようにしておくことと
※
LINEもOK
もしもの時の連絡先
最初に連絡する人
○○○○さん 電話 09012345678
LINE
○○○○さん 電話 09012345678
LINE
親戚
○○○○さん 電話 09012345678
○○○○さん 電話 09012345678
LINE
母の仕事先
○○○○さん 電話 090123456
○○さん 電話 09012345678
連絡先の人に頼んでおいたりして子どもとも連絡先リストのことはよく話し合っておきましょう

※あらかじめ子どもと連絡する人をLINEで繋げておくとよい

それができたら他のところをできるだけ埋めて次に進みましょう！
ハイ！
エンディングノート作成開始！
付箋を活用して埋める
もしもの時の連絡先を書く
次へ！
——とはいったものの……
う〜ん……
誰に頼めばいいのか
いやいや悩んでいたら先に進めないっ！
後回しにしない！
すぐやる！
血縁では大切な親戚も多いけど北海道と岐阜なのですぐに動くのは難しい
母方
父方
最初の連絡先は入院の時子どものケアもしてくれたもはや親戚のような
友人
任せとけ
ありがとう〜
毎日の生活の事情もよく知る友人にお願いをした
あと自分の仕事な……
仕事先
フリーランスこういう時困るな
私の収入源は主に４つ
コミックエッセイ文筆業
かるたの制作・販売
友人と運営する写真スタジオと着付教室
和装小物の販売のアドバイザー
まずは写真スタジオを一緒にやっている友人に相談することに……

共同運営者の友人に相談
というわけで仕事先への連絡を頼みたい
それはもちろんいいよ!
OK!
みずほちゃんは大学同期で40代になってから仕事も一緒にするようになった公私ともに大切な友人
私もエンディングノートは書いたよ! 急に母が倒れて本当に困ったから自分はちゃんとしておこうと思って……
おおお流石《さすが》!
私は進行中の仕事の連絡先はパソコンのデスクトップに付箋ソフトを使って書いているよ
右上端のアイコンをクリックすると書類がオープン
連絡先
仕事のついでに更新しやすいし娘たちにそれを見て連絡してってっていってある
賢い!
PC
それがあれば息子くんでも連絡できるんじゃない?
いやいや物理的にはできるけど高校1年生に仕事の話は無理じゃない?
アニョ
アニョー
娘さんたちは社会人
あ――
だね……わかった引き受けるよ……
大きくなるまでね
お願いします……

その代わり私の着物娘たちが欲しいのをキープしたあとはわにこに託せっていってあるからよろしくね
もちろんオッケー！私のも頼む
2人とも着物が趣味
電話だけでなくＬＩＮＥなど
頼みたい人と子どもがすぐ繋がれるよう連絡先を整備
LINEの方が連絡しやすいことも…
母さんになんかあった時にはここに連絡するんだよ
わかったけど
それより倒れんなってことだよ
そうニャそうニャ
子どもと話し合いもしておきましょう
もしもの時の連絡先リスト
(例)
・最初に連絡してほしい人
・主治医（かかりつけの病院）
・親戚
・仕事先
・相談している専門家
（弁護士・税理士・司法書士
ファイナンシャルプランナーなど）
※特に仕事先など、変更がある部分はアップデートするようにしましょう
自分たちに必要なものをリストアップしてね！
いや～これはかなり安心材料……
やっぱり最初にやるべきだった…
リスト
次はいよいよ後見人とかかな
子どもが安心して暮らせるエンディングノート作成計画はまだまだ続くのであった

コラム

シングルマザーのパワーのもと①
「大切なペットは心の癒し」

うちには10歳になる猫の「いわし」と「さわら」がいます。「子どもと猫を私が守る！」と決めたことが、シングルマザーで頑張ろう！ と思ったきっかけでした。

日本で猫を飼っている世帯は推定550万（※1）で、10軒に約1軒のお宅で猫が飼われている計算になります。その中には、123.2万世帯（※2）あるという母子世帯も含まれていると思います。

コミックの中にもあちこちに登場してツッコミを入れている猫たちですが、忙しい日々の中、そっと寄り添ってくれる2匹の存在は、私にとってかけがえのないものです。子どもの反抗期も、猫たちがいてくれたおかげで、なんとか乗り切りました。

この猫たちは2代目。先代のいわしは20歳まで長生きし、そのあと迎えた子たちです。子どもも生まれた時から猫がそばにいて、我が家には欠かせない存在です。

いろいろしんどいこともあるし、気持ちが落ち込みがちなことも多いですが、猫を撫でれば悩みも溶けていく……。無邪気なしぐさが目に入るたびに「可愛い！」と声に出して、スマホでかしゃかしゃ（笑）。どんだけ猫バカなんだと思いますが、本当に癒されます。室内飼いで、散歩の必要がないところも助かっています。

猫を最後まで責任を持って飼うということも、私の目標と生きがいのひとつですね。できるだけ長い時間を、2匹と過ごしたいと願っています。

姉妹ニャン
さわら♀
キジトラ
いわし♀
茶トラ白
並ぶと
おはぎみたい
なので…
おはぎーず
とも
呼ばれています

※1 一般社団法人 ペットフード協会 2020年（令和2年）全国犬猫飼育実態調査
※2 平成28年厚生労働省「全国ひとり親世帯等調査」

ライフプラン

第2章

ライフプランって何？
自分のやりたいことを知る

エンディングより ライフデザイン？

私のやりたいことって何だっけ？

引き続き、安田先生にエンディングノート作成の相談にのっていただくことに……
先生！
もしもの時の連絡先リストができました！
ドン
順調にいっているわね
じゃあ次はライフデザインを考えていきましょう
えっ！
ライフデザイン……ですか？
ポカッ
これからの人生でやってみたいことを書き出してみてほしいの
え、そんな急にいわれても
うーん
何でもいいのよ！ 自分がいい！ と思うこととか嬉しいこととかワクワクすることとか……
推しのライブに行くとか！
私は米津玄師の米民よ
えっ？ 聞いてない？
旅行とか
小さなことでも大きなことでも心が喜ぶようなやってみたいことを書いてみて！
あ…ハイ……
えっ… 私はミッキー…？

で、でも未成年後見人とか先に考えることがあるんじゃ……
そうねー それも大事だけど
まずは今！自分の人生が大事でしょ？
これから自分がどう生きたいかを考えることから始めましょ
私の人生……
仕事は楽しいけど毎日忙しくて綱渡りで……
自分がいなくてもなんとかなるようにとかそんなことばかり思って
ポロッ
目ウロコ
自分のこれからとかあんまり考えてなかったかも……
でも……すぐにあんまり思いつかないんですが
そもそもお金も時間もないし
今、なんとかやっていければいいってかんじで…
そうよねー お母さんたちは毎日忙しいし必死だもんねー
でも子どもはすぐに大きくなるし自分のことも考えておかないと
例えばこんなリストを作ってみたらどうかしら？何でもいいのよ
私のひそかな願望リスト
・夢リスト
・死ぬまでにやらないと後悔すること
・これから手に入れたい暮らし
・欲望リスト
・習いたいことリスト

夢リストややりたいことリストは実現できるかどうかとか考えないで書いてOKよ!
LIST
何でもいいの?
えっ……じゃあ～年に1回海外旅行に行くとか二拠点生活とか文筆業で食べていける……とか
急に欲が出てきた(笑)
うんうんいいよー
・10キロやせる
・腹筋を割る
・振袖をあつらえる
あれもこれも
ヨクバリス
その調子!いっぱい書いておくといいのよー欲しいものや習いたいことも
いっぱい出てきた
願いは叶う!!
次は、これから「手に入れたい暮らし」はどんなものかを考えてみて!こっちはなるべく具体的に思い浮かべるのがポイントよ
座り心地のいいソファ床は無垢材のフローリングで古い民芸箪笥があって笠間焼のカップとポットでお茶を飲んで
毎年、月下美人が咲いて窓からは緑が綺麗な眺めが見えて……とか
わ、なんか楽しくなってきました!
ホカホカ
あとは死ぬまでにやらないと後悔することリストもね!
でしょ!
人にいう必要はないので素直な自分の願いを書いてみてね
ハイ!

☆私のひそかな願望リスト☆

〈夢リスト〉

＊漠然と夢物語のように「こんなことできたらいいなぁ」と思っていることを実現できるかどうかなどを気にせずに、書き出してみましょう。

〈死ぬまでにやらないと後悔すること〉

＊「これをやっておかなければ、後悔するだろう」ということがあれば、書いておきましょう。

〈これから手に入れたい暮らし〉

＊この先の人生で「手に入れたい暮らし」はどのようなものでしょうか？ できるだけ具体的に。自分にとっての「ささやかな幸せとは」と考えてもいいです。

〈欲望リスト〉

＊買えるかどうかではなく、今でも将来でも、とにかく気になっている「欲しいもの」「手に入れたいもの」を書き出してみましょう。

〈習いたいことリスト〉

＊実際に習うことができるかどうかは気にせずに、「こんなレッスンを受けてみたい」「こんな勉強をしてみたい」「習得したいスキル」があれば、どんどん書き出していきましょう。

ライフプランを考え直す

考えていたライフプランは
離婚でめちゃくちゃ!
今の条件で人生年表を作り直そう

やりなおしの
ポーズ?

こうしてみると現実は厳しいけどやりたいことは結構ありますね
そうでしょう?
LIST
じゃあ次はライフプランね!
今考えたやりたいことを何歳あたりで叶えたいのか書いてみて!
えっ!
LIFE PLAN
ライフプランってあの……「何歳の時に何があるからいくらいる」とか
そういうやつですか?
人生設計
ライフプラン
そうそう
お子さんの成長とあなたの年齢ライフイベントを書き出しましょう
ペットも
学資保険とかに入る時作りましたけど……
結局全然その通りになってないし……
蘇る
思い出…
そんなもの意味なくないですか
あらあら
ライフプランというと抵抗を感じるのかもね
「人生年表」と考えてみて

人生年表は行く先の目安になるマップのようなもの
次はこっちね！
子ども
大学卒業
年金
大学入学
高校卒業
仕事
私
ミギニマガリマス！
予定は未定でも立てておくのにこしたことはない
まずは年齢だけでも書き込んでみて！
子どもは学齢もね
はい
人生年表
あ……今死んだらどうしようって思ってたけどあと少しで子どもも成人になるんだ……
18歳成人になったし…早い…
夫！
←髪伸ばしてる
わにこさんの場合はそろそろ年金も視野に入る年齢よね健康寿命（女性約75歳・男性約72歳）平均寿命（女性約87歳・男性約81歳）も考えて、ライフイベントも入れていきましょう
そうなのよ！
女性の寿命も年々延びている！
(歳)
90
80
70
84.9
86.3
87.6
平均寿命
72.6
73.6
75.4
健康寿命
2001
2010
2022
例えばこんなこととかね……
子の受験
ローン
自宅のリフォーム
介護
進学
仕事はいつまで
ペットのこと
年金
おお…
次のページに例があるから参考にして書き込んでみてね
埋められるところだけでもいいわよ
やってみます！

シングルマザー人生年表の例

	本人	家族	家族	家族	家族	想定される出来事
家族の名前	花子	なおみ	健太	花子の父	花子の母	入学卒業、定年、年金開始、家の修繕、親の介護等
2023	45	高2	中3	73	70	
2024	46	高3	高1			なおみ・大学受験、健太・高校入学
2025	47	大1	高2			なおみ・大学入学
2026	48	大2	高3			健太・大学受験
2027	49	大3	大1			健太・大学入学
2028	50	大4	大2		75	
2029		23	大3			なおみ・大学卒業社会人に
2030		24	大4	80		(父の介護が始まるかも)
2031		25	23			健太・大学卒業社会人に
2032			24			
2033	55		25		80	(母の介護が始まるかも)
2034				85		
2035						自宅リフォーム予定
2036		30				
2037						
2038	60		30		85	花子・定年退職後、契約社員に
2039				90		
2040	62					住宅ローン完済予定
2041		35				
2042						
2043	65		35		90	花子・年金支給開始　契約社員満了でパートに
2044				95		
2045						
2046		40				
2047						
2048	70		40	99	95	
2049						
2050						
2051		45				
2052	74					

健康寿命を
参考に
いつ頃まで
元気で動けるか
考えてみてね

＊子どもの年齢は、小学校から大学までは学齢で記入。
＊各自の年齢は、毎年の12月31日時点での年齢。
＊健康寿命(女性75歳、男性72歳)、平均寿命(女性87歳、男性81歳)。親の介護は、80歳から始まると想定。75歳から心の準備を。

我が家の人生年表

自分のことを書き込んでみよう!

	本人	家族	家族	家族	家族	想定される出来事
家族の名前						入学卒業、定年、年金開始、家の修繕、親の介護等
2023						
2024						
2025						
2026						
2027						
2028						
2029						
2030						
2031						
2032						
2033						
2034						
2035						
2036						
2037						
2038						
2039						
2040						
2041						
2042						
2043						
2044						
2045						
2046						
2047						
2048						
2049						
2050						
2051						
2052						

一緒に暮らしている家族はもちろん、離れて暮らしている親やペットのことも書いてみましょう。想定される出来事のほかに、やりたいことを書いてもよし。なんとなくでよいので、人生の予定を立ててみましょう!

Copyright (C) 2021 MY PLANNING OFFICE All right reserved

自分の予定が難しいなぁ
私は親の介護はないけど墓終《はかじま》いがあるんだよね
いつやればいいんだ
田舎の山の土地とかどこにあるかわからないのに固定資産税はかかってくるし
少額だけど積もるとダメージが
岐阜の山奥育ち
子どもが独り立ちしたら気がかりなことも片付けていかないとなぁ
よーし70歳で墓終いする予定…と
お金のことを考えなければやりたいこともいっぱいあるな～
しかし人生は有限だ
優先順位がいるよねー
そして気がついたら
あれ、私死んだらどうしようって思わなくなってる
先が見えない不安が少し先を見ることで和らいで
今日やることで精一杯なんです！
人生年表を書く前→
将来
気持ちが楽になっていました
ははぁ～

計画を立てても仕方ない
計画を立てて修正していく
なるほど納得
自慢じゃないが行き当たりばったりノープラン人生だった私……
やるぞッ!
ゴゴ
ゴゴ
やっと計画を立てることの大切さを知ったのでした（遅）
そうなるとやはり死ぬほど苦手なアレをやらなくてはいけないのだな……
アレ＝お金の計算
大切ニャン
これから数年の私は子どもの
学費
と闘う時期
先輩たちから天文学的数字と漏れ聞くアレ……
ぬううう
生活費ほか老後にかかる医療費や介護保険エトセトラ……
見て見ぬふりをしていた開かずの箱についに手をかける時がやってきたのであった
禁断の箱!

「気がかりリスト」を退治しろ

問題があったらかみくだいて
解決に向けて動いてみよう

次の相談日
前回は「願望リスト」を書いたけど
次は「気がかりリスト」を書いてみましょうか
気がかり……ですか
そう! ズバリ「気がかり」なことよ!
モヤ
連絡をおろそかにしている人がいる
モヤ
ママ友との人間関係
親が認知症かも?
モヤ
仕事のこと
健康状態が不安
モヤ
お金の管理
1000
実家が空き家
モヤ
とにかく「どうしたらいいのかな〜」と思っていることを思い浮かべて
できるだけ具体的に細かく書きましょう
What
・子どもの進路
どんな進学を
希望しているのか
学費はどれくらい
どうやって用意したら
いいのか
次はそれに対して「いつから行動を起こすか」の日時を書いてみて
When
2024
2023
2030

えーと
子どもの進路は
高2の夏ぐらいから？
うーん
希望の大学の
学費や受験料を
調べて……
そもそも進学するのかなって話も…
学資保険
高3の夏に
満期になる
学資保険で
入学金と
前期授業料
いけるか？
ギリギリ…？
あーっ
意外となんとか
なりそう……
かな？
無事受かれば…
気がかりな
ことも
書き出して
具体的に
どうするかを
考えると
結構解決する
ものなんです
いつ
何
ただぼんやりと
不安に思っているものも
モヤモヤした気がかり
うーん
重い…
言葉にして
正体がはっきりすれば
たいしたことなかったり
意外と枯れ尾花的な
仮 親の介護
仮 転職したい
仮 未来
仮 リフォーム
すぐ解決しない
ことでも
やりはじめの時期を
仮でもいいから
決めることが
第一歩！
かなり先に
なるようだったら
「人生年表」に
書き込んで
おいてね
人生年表
子
猫
大学進学
転職？

不思議――
なんか書いただけで
モヤモヤが晴れてきました
パァァァ
何も変わってないのに
そうなのよ
書いておくだけで
いつの間にか解決する
こともあったりして
ニコニコ
それがこの「気がかりリスト」の面白いところなのよ
例えばメールの返信をしてないとか
BOOK
借りた本を返してないとか
小さいことを書き出してできることはすぐやっちゃうとすご～く気が楽になるから試してみて
気がかり
何が
誰の
いつ
etc.
「気がかり」は放っておくと大きくなるけど細かくして何がどう心配なのか具体的にすればあとは「始める」時期さえ決めれば解決に向かうものよ
OFF
ON
カチ
なるほど！リスト化はやる気スイッチなんですね！
そうそう！「気がかり」は書いて分解して小さくしてやっつけましょう
ストレスが消えるわよ
ハイ！

気がかりリスト（例）

1）あなたが、今、気になっていることは何でしょうか？
できるだけ具体的に、細かく書き出してみましょう。

例えば自分のこと

・自分に何かあった時、子どものことを誰に頼むのか？
・自分が意識不明になった時、お金の管理は誰に頼むのか？
・延命治療は望んでいないことを伝えておかなければ……。
・自分が亡くなった時の家の片づけやお墓の始末はどうしようか？
・自分が入院したり亡くなった後のペットの世話を頼んでおかなければ……。

例えば親のこと

・親が認知症になったり、歩けなくなった時、介護は誰がするのか？
・親の介護のお金はどうするのか、きょうだいで話し合わなければ……。
・親は介護や相続について、どう思っているのか、一度聞いておかなければ……。
・父親が亡くなった時の相続、母親が先に亡くなった時の相続はどうするのか。実家は？
・相続税はかかるのか、一度専門家に聞いてみなくては。

その他、仕事のこと、子どものこと、趣味のこと、住むところのこと、ペットのことなどなど。

2）「気がかりリスト」の中で、一番気になることは何でしょうか？
いつから行動を起こしますか？

①　　　　について
②　　　年　　　月頃から
③取り組む内容

3）「気がかりリスト」ひとつひとつについて、いつから取り組みを始めるか書き出してみましょう

①　　　　について
②　　　年　　　月頃から
③取り組む内容

①　　　　について
②　　　年　　　月頃から
③取り組む内容

Copyright (C) 2021 MY PLANNING OFFICE All right reserved

空き家の実家をどうしよう

自分の「気がかり」ナンバーワン！は こうして解決しました

気がかりといえば実家のことは行動を起こした結果、楽になったな～
両親が亡くなって空き家になった岐阜の山奥の家
最初はちょくちょく帰って手入れをと思っていましたが
自分の車もないし忙しさに紛れてなかなか難しく
友だちの車に乗せてもらったり…
帰る間隔が3ヶ月に一度から半年1年に一度になり……
あー今月もムリだなー…
わにこねーちゃん！水道管が破裂してまっとるにー！
おおーっと！
一年帰ってない
様子を見に行ってくれた従姉妹
使ってないけど契約している電気・ガス・水道の固定費や固定資産税もバカにならず——

といって
先祖代々の家
田畑に山
お墓……
弟が亡くなり
子どもが
私一人に
なったものの
家を継がずに
嫁に出たという
負い目もあって
すぐに処分とは
思いきれず
ハツ墓村
みたいな
墓もある
Books
一体
どうしたら
……
はっ
とぼとぼ
Books
おおー
まさに
これ……
実家の
片付け
処分
買ってみるか…
え！ 地方に空き家の
実家を放置することは
10年で約500万円の
負債を抱えることと
同じ！
ガーン!
実家
片付け
処分
本には
働き盛りの
会社員の男性が
例に出されて
いましたが
ましてや
自分は
収入も少ない
フリーランス
……
無理
だ…
ガクリ
な
なんとか
ならんの?
選択肢は3つ
1 売る
2 住む
3 貸す
売るのも大変
住むにも
子どもの学校があって
すぐには無理――
あとは貸す、だけど
リフォームも
しなくちゃいけないし
片付けもしないと……

そんな時
一本の電話が——
こんにちは
中学の時の担任だった
内木《ないき》です
おぼえとる？
あ
先生！
もちろん！
今
地域の空き家対策委員を
やっているんだけど
ご実家を貸す予定は
ない？
えっ
うちですか
？
借りてくださる
方がいれば
とは
思うんですが
リフォームや
片付けも
なかなか
難しくて……
私も時々
帰りたいし…
今は、仏壇とか
置いておいても
OKっていう
人もあるみたいやよ
一度話を聞かせて
もらってもいいかな
そうなんです
か！
ちょうど
来月帰省しようと
思っていたので
お願いします！
次の月——
こんにちは
やっとめやね
（久しぶり）
わー
先生
変わって
ない
空き家対策委員会の
方たちに
今の自分の状況や
希望を
ヒアリングしてもらい
何でも
自分の希望は
いってみて
家の一部を
貸す形で
使ってもらう部屋
以外のところに
仏壇や荷物は
置かせてもらい
たくて……
えっと
あとは…
＊11LDKあるので
5LDK分くらい…
（田舎は家が大きい）
できたら
帰省した時に
泊めてもらえたり
したら……
な——んて
図々しすぎ
ますよね—

へぇ~ そりゃ面白いかもしれんね！いいっていう人もおるかもしれんよ
まあ── 希望ということで…
そんなわけで実家は空き家バンクに登録されることになりました
今考えても「そんな物件、借り手がいるの？」という条件でなかなか話は進まず
すっかり忘れかけたころに……
○○市○○○
賃貸条件
借りたいっていう人が現れたよ~！
ええっ！まさかの
鍼灸師《しんきゅうし》さんで治療院兼住宅にしたいらしいんやけど
鍼灸
へ──！鍼《はり》！
借り手があれば市の※リフォーム補助金も使えるよ！
借り手
持ち主
3年以上契約
必要なリフォーム代金の1／2
最大40万円補助
傷んだ家の補修ができて補助金が出て借りてもらえるなんて……ありがたすぎる！
まじか！
よかったにゃ！

※自治体により異なる

しかし、時は折しも
コロナ禍の始まりで……
緊急事態宣言！
田舎に帰るのは
難しい状況——
実家の近くに住む
従兄弟に
もろもろお願い！
ええよー
オールリモートで
リフォームから
賃貸契約
東京
おねがいします！
メール
LINE
Tel
市役所
空き家対策委員会
借り手さん
従兄弟
施工管理
内装
電気
水道
ガス
屋根
地元
補助金申請までを
やりました
結局、ご挨拶も
電話のみで
入居していただき
想像…
よろしくお願いします!!
私のプチ大家さん生活は
始まったのです……
これが憧れの不労所得!!
結局リフォーム等にかかった費用はざっくりこんなかんじでした
リフォーム費用
・水回り（風呂・トイレ等）15 万円
・屋根修繕　17 万円
・電気工事　2 万円
・建具修繕　10 万円
・その他　5 万円
合計　約 49 万円
うち23万円が補助に！
※賃貸に関係ない部分の補修などは
補助金の対象になりません

固定費がただ出ていくだけの状態から一転！
どんどん赤字…
+
0
−
1 2 3 ・・・・・ 10 年
+
0
−
リフォーム分マイナス
1 2 3 ・・・・・・ 10 年
少しずつ回収
微黒字に!?
わー！
お家賃は安くても固定資産税分はなんとかまかなえて長い目で見ればリフォーム代も吸収でき水道光熱費もかからず……
ありがたや…
何より空き家の心配をしなくて済む！
結局5LDK分を借りていただいてコロナが落ち着いた頃ご挨拶もできました
時々実家に帰らせてもらったりしています
2F
LDK
1F
仏壇
この部分だけ
先日も子どもや友人と帰省して親の荷物を片付けたりもしました
処分品の山
170kg!
捨てても捨ててもある～
とてもお掃除好きな方で帰るたびにスッキリしていく家……
感謝しかありません
すごくキレイ……
お花まで…!!
借主さんがいてもよいなと思う間引き続きお家を使ってくださるとありがたいなと思います
ペコッ
こんな例もあるということで…

「やりたいことリスト」はやる気スイッチ!

夢の見直し・棚卸しと「未来予想図」

というわけで
実家の心配は
一旦、解決
したんですー
あらー
よかったわね
自分の希望が
はっきりすると
そのように
物事が進む
ものなのよ
条件を
キチンと
整理したら
借主さんが見つかった
でしょう?
「気がかりリスト」は
作ったから
今度は「願望リスト」を
もとにして
「やりたいことリスト」
を書きましょう!
?
やりたいこと……?
「願望リスト」も
書いたんですけど……
やっぱり子どもの
進学もあるし
時間もないし
ちゃんと
収入を上げて
から……
「気がかり
リスト」で
精一杯です…
キラーン
逆よ!
どうなりたいか
まず決めて
それに向かって
動いたり
働いたりするのよ!
えっ

私の場合は、例えば「夫と年に数回できたら隔月で必ず旅行に行く」とやりたいことを決めたから
計画や行く先を考えたりするだけじゃなく
それに向けて貯金したり
歩き回れる体力づくりもしているわよ
一見無理に思えても目標があればそれに向けて何をすればいいか考えたり動いたりできるものよ
目標
ほー
わにこさんの実家だって結構無茶な条件だったけど提示してみたらそれでいいという借主さんが現れたでしょ!
た…確かに
子どもは巣立っていくし人生の後半戦は自分で決めなくちゃ!
やりたいこと
夢リスト
やり残したことがないか考えてみて!
リストができたら何歳までに実現するか「未来予想図」を作りましょう
リスト
未来予想図
み……「未来予想図」!?
ですか?
叶えられてく
そうそうなるべく具体的に書くといいのよ

5年ごとにどういう状況になっているかも書き出してそこにどんな暮らしをしていたいかを書き込むの
私の未来予想図
どのような状況か
どのような暮らしをしていたいか
50〜54歳
子ども中学〜高校
55〜59歳
子ども高校〜大学
猫高齢に
大学卒業
あー これはイメージしやすいかも！
ライフステージがわかりますね
進学・定年・親の年齢 etc...
「人生年表」を見ながら具体的に想像してみて！書くことで、自分の中でイメージが定着するのよ
もちろん思い通りにならないこともあるけれどその都度書き直していけばいいのよ
まずは書いてみて！
うーむ
というわけで宿題になったけど……
「でも」「だって」「どうせ」はNGよ！自分の本当にやりたいこと昔の夢で叶えられなかったこととかでもOK！とにかく書いてみて！
夢…かぁ
なんか……「やらねば！」ばっかりで忘れていた言葉かも……
ポン

10代の頃の夢を思い出して書いてみたら結構叶っていることもありました
私、がんばったじゃん!
まんが家になりたい
東京で暮らしたい
ベルサイユ宮殿に行きたい
この辺はこれからでも努力すればやれるかも?
体が動くうちに……
・ドイツに行きたい(エーベルバッハ市)
・フィンランドに農村留学に行きたい
忘れていた夢ややり残したことを思い出し
近いところしか見ていなかった時は目の前の問題で精一杯だったけど
前が見えないけど、森を抜けたい……
来た道も見える!
おー先には道もあるし湖もあるぞー!
ちょっと木に登って遠くを見るといろいろと見えてくる景色がありました
とりあえず60歳の時に外国に旅行に行きたい……とか?
願えば叶う!!
まず行く先を決めなくちゃ!
いろいろあきらめていたけれど人生まだまだこれから!「やりたいことリスト」と「未来予想図」でがんばれる気がしてきました!

やりたいことリスト（例）

・子どもが受験に合格したら、家族で旅行に行く
　海外？　国内？　日程、予算なども考える
・趣味の茶道をじっくりやりたい
・海外旅行に行きたい、英語の勉強　　などなど

可能・不可能を考えないで
とにかく書いてみよう！　子どもの頃の夢や
20代の頃やりたかったことなど、
思い出して書くのもいいよ！

シングルマザーの未来予想図（例）

	どのような状況になっているか	どのような暮らしをしていたいか
50－55歳	・長女高校受験　・長男高校受験 ・長女大学受験　・長男大学受験 （それぞれの塾代を含めて大学受験費用100万円、入学初年度150万円を予定） ・家計の見直しが必要になる（保険やその他の支出について）	・子どもたちの受験を応援。大学受験は、7～8校くらい受けさせてあげたい。そのためにもこの時期は無駄な支出を抑える ・長男が受験に合格したら、家族旅行に行きたい
56－59歳	・2人分の学費（それぞれ年間100万円）を払うので貯金はできない状況が続く ・子どもたち2人は社会人になる ・病院で親の認知症の検査などが必要になる頃。介護申請をするなど親の介護が始まる可能性がある。きょうだいで介護に備えた話し合いが必要になる	・大学卒業後の進路について、しばらく気をもむことになるかもしれないが、口を出さずにサポートしたい ・子どもの手が離れるので、趣味ややりたいことを始める ・不要なものの断捨離をし、シンプルな生活を目指す
60－64歳	・定年退職、再就職	・住まいの検討。二拠点生活もあり？
65－69歳	・65歳以降はパートで週3日程度を検討する ・子どもたちの結婚に備える	・自由な時間も増えるので、本格的にやりたかったことに着手
70－74歳	・年金の不足分を補うため、無理のない範囲でアルバイトを続ける ・暮らしやすい環境整備	・元気で働けて、趣味も楽しめる健康状態でいたい ・年に1回は、旅行に行けるような生活を送りたい
75－79歳	・75歳を過ぎたら認知症の検査を始める（毎年） ・相続について子どもたちと話し合う	・認知症にもならずに元気に体が動き、趣味も楽しめる健康状態でいたい ・相続についてFPに相談する

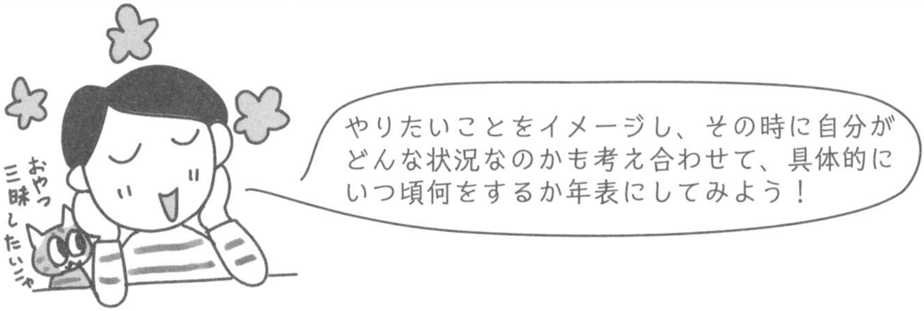
おやつ三昧したいニャ
やりたいことをイメージし、その時に自分がどんな状況なのかも考え合わせて、具体的にいつ頃何をするか年表にしてみよう！

子離れの準備はどうしたら？

おひとり様？　パートナーを探す？　シェアハウス？

意外と多い選択肢

ライフプランを立てて少し将来への不安が減ったけど……
いや待てよ……
これって私この後おひとり様で生きていくって前提だよね……
元気にたのしく！
未来予想図
——といってまた結婚とかしたいかというと
いや無理絶対
ザー
砂
しんどい思い出のあれこれ
離婚前が散々だったので考えもしませんでしたが
周りを見渡すとシングルマザーの先輩は子どもの手が離れると再婚している方もちらほら……
結婚しました
SNS
めでたい!!
相手が替わればこんなワタシでも
うまくやれるものかしら？

ふと思い立って、出張の時縁結びで有名な神社にお参りしようとしたら
門前払いか〜!!
閉門してはる!
ってことがあったんです〜
やっぱご縁がないのかな〜
うける〜
って……わにちゃんマジでパートナー探すの?
あ〜まあ〜いい人がいれば〜
バツイチパートナー有
だったらちゃんと周りに意思表示をしたりマッチングアプリとか紹介所とかを使わないと自然には現れないわよ!
ビシッ
やっぱりそうなんですねっ
50代で結婚した知人に聞いてみると
今?幸せよ〜
いいな〜!どこで出会ったの?
50代の再婚率は離婚後5年以内で男性で約17%女性はぐっと下がって約10%※だよ早い段階でかなり本気を出さないとダメなんだよ!
ス・スミマセン!
ビシッ
なんとなくとか甘い考えじゃダメだってことよ〜くわかりましたぁ!
婚活サイトよわにちゃんもやってみる?
Wedding
50代〜
おおっやはり!

※平成28年度厚生省人口動態特殊報告「婚姻に関する統計」

結局そこまで本気でやろうって思えないし
めんどくさいし
むしろ女友だちとシェアハウスのほうがしてみたいかも……
そうなの？私シェアハウス始めたのよ
ピローン
えっ！
たかはしきもの工房の女将さん
母と二世帯住宅だったんだけど母がホームに入所して家が空いたのよ
60代
そこに、70代の母の代からの番頭さんと会社に入社した50代の移住者さんに入居してもらったのよ台所やトイレも共同だしシェアハウスっていうかババーズハウスっていってるんだけどね
ババーズハウス！
イイ！
まあ時々集まってお茶を飲んだりおかず分けっこしたり
女将
おつけもの
番頭さん
社員さん
わいわい楽しくやってるわよ
あー 血縁関係じゃなくっても年齢がいっていても
そういう暮らし方もいいかも……
親しき中にも……だけどやっぱり女同士は気楽よ～
わーかーるーー

また別の日
私、むしろ老後を楽しく過ごすならババーズハウスのほうがいいな～
男の人はいらないかな
40代再婚
そうね～
でもさ、今わにちゃんは子育て中だからそう思うのかもよ?
母猫がオスを寄せつけないみたいな
子育てが終わったらパートナーが欲しいって思うかもしれないし……子どもはいなくなっちゃうからね
ポツーン
ひとり……
周りで再婚する人たちもそんな感じじゃない?
確かに……
みんな子育て卒業組
何が幸せかなんてその時々で変わるもんよ～
だいたい我ら一回失敗してるし
ハハハ…
確かに
この先だって何が起こるかわからないじゃん!
そうだよね～!
人生なんて思い通りにならないもの……いつ何が起こるかわからないけど
おっ!こんどはこっちか!
その時その時自分の気持ちと折り合いをつけながらやっていければいいのかな?

コラム

シングルマザーのパワーのもと②
「私のパワードスーツ（笑）着物」

私の趣味は着物です。趣味が高じて、着付けの仕事をしたり、着物のコラムを書いたり、『その着物、どうする？　好きだから知っておきたい保管・メンテ・処分の方法』というコミックエッセイも上梓したり、ほぼ日々着物のことばかり考えています（笑）。

大好きな趣味に没頭すると、ふっと現実から離れて心が自由になります。推し活とかもいいですよね。

女性の趣味は、読書、音楽鑑賞、旅行、グルメ、テレビ/DVD鑑賞、映画鑑賞、料理、スポーツ、アニメ/漫画、ゲームなどが多いのだそうです。

着物は入ってもいませんが（笑）、今はネットでいろんな情報が収集できる時代。着物の着方だってYouTubeで十分学べますし、リサイクルの着物も安く入手できるので思ったよりお金をかけずに楽しむこともできる趣味です。私の着物は、もう着ないという方に譲っていただいたものも多いです。

なにか自分の心を解放してくれる趣味があれば、気持ちも切り替えられますし、やがてくる子離れのあとのおひとり様の時間も充実させてくれるはずです。私の場合は着物のことを考えるだけでウキウキになりますし、仕事のときに着ればスイッチも入ってやる気が出ます。

余計なお世話かもしれませんが、そういう自分の心に火を灯してくれるものがなにかあったら諦めずに手放さないでおくと、パワーのもとになってくれるのではないでしょうか。

着れば
やる気の
泉湧く！
趣味と
推しは
生きる源

家計を知る

第3章

どんぶりでＯＫ!! マネープランを知れば不安が消える

人生100年シミュレーションしたら老後は赤字転落!?

お金の勉強しないとやばいかも!

ヒー!

なんか「人生年表」や「未来予想図」を書いたら不安が減って
これからが楽しみになってきたかも……
でも……エンディングノートに書くところはないけど
これからの生活お金は大丈夫なのかな……
ネットで簡単に計算できないかしら
計算が大のニガテ
老後マネー
おっ、金融庁の※ライフプランシミュレーションというのがあるぞ!
金融庁
NISA 特別サイト
ライフプラン
シミュレーション
やってみよう
えーと年齢、自営業で退職金なし……
キエエエエ!70歳で赤字転落!
70歳
しかも70歳まで働く前提になってる!!
——これはちょっと
いえ、かなりまずいのでは……
ガーン

※https://www.fsa.go.jp/policy/nisa2/lifeplan_sim/index.html

考えてみると……
配偶者なし
フリーランスで
不安定な仕事
退職金もなし
働けなくなったらアウト
ヒエエエエエ
貯金を食いつぶして
老後破産……
というやつになるのでは！
Money chenges everything.
いくら夢や希望があっても
先立つものがなければ……
現実〜
べしゃ
夢
ま〜今までもなんとかなってきたから大丈夫だって！好きなことだけしてようぜ！
いいえ 正しい知識を身につければ これからの人生 不安なく歩めます 学びましょう！ 夢のためにも……
うう…
……
やっぱりちゃんとお金と向き合います〜ッ
うむうむ
勉強するニャ

生きていくためのマネープランを学ぶ!

必要な額は人それぞれ
シングルマザーのお金の悩みと解決法

10000
10000

子育てミッションが終わったら次はいよいよ老後ダンジョンか……
人生100年の塔へ…
冒険は続く!
勇者わにこ
老後資金は2000万円必要とか投資で増やせとかいわれますが
自己責任で!!
NEWS
いやいや
実際はどうなんですか!
教えて!安田先生!
↑他力本願
まあ、平均値ってのはあるけれどこればっかりは個人の状況で違うからね～
予言者じゃないから未来はわからないしですよね
「ねんきんネット」※は見たことある?
はい、ありますもらえる額少なっ!って思った……
日本年金機構
ねんきんネット
新規登録
ログイン
「ねんきんネット」
＝日本年金機構の年金が確認できるサービス
単純な話だと年金を計算してかかるだろう生活費を引けば過不足がわかるから
年金
－
生活費
＝
赤字?黒字?
ライフプランシュミレーションのやつ

※https://www.nenkin.go.jp/n_net/

足りない分は用意しておこうということよね
なるほど
やっぱり計算しないと
でもそれは健康であった場合の話よね
病気
怪我
認知症
実際はいろんなケースが考えられるわけなのよ
わにこさんは親御さんは亡くなっているけれど自分の親の介護を考えなくちゃいけない人もいるし
自分で生活ができるうちはいいけれど
病気や怪我で入院すれば医療費もかかるし
※2022年10月から高齢者の自己負担割合が見直されました
「長生きリスク※」というものもあるのよ
介護施設に入所となれば費用負担も
増大するんです
や、やっぱり2000万円貯めないと老後は生活できないんですか〜！
不安
うわあああ
でもさわにこさんそれ、今気にすること？
えっ
老後

※P105参照

まず当面はお子さんが社会人になるまでのことを考えるのが先よね
その先のことは薄目で把握しておけばいいのよ
高校1年生
でっでも準備しておかないと間に合わないのでは！
シングルマザーの一人大黒柱だしあれもこれもと不安に思うのはわかるけど
人間そんなに一度に何もかもはできないものよ
ただでさえやることリストはパンパンで
えーと次は……
LIST
大変な日々——
息はできてる？
ハッ…
ちょっと落ち着いて深呼吸してみて？
あ……
まずは現在の家計をキチンとすれば自然と将来の備えにもなるのよ
力、入りすぎてた？
生活費と教育費のやりくりを考え
10000
C
B
A
少し貯金があって
あとは病気特にガンに備えた保険に入っておけば当面なんとかなる！

あ、ガン保険は入ってます！
治療に入ると働けないから一時金が出るタイプがいいわよ
保険
貯金も少し……
パアァ
一時金出ます！
よかったわね ちゃんとできてるじゃない！ 大丈夫よ
ズーン
お金の不安やストレスで今の生活が楽しめないのは本末転倒だから
心配しすぎないことも大切よ
ううう
とはいえノープランでもこれまたNG
やはり……
心と身体の健康を第一に
できることから考えましょう！
仏様!?
勇者 わにこ
はいっ
人生100年の冒険も まずは日常の一歩から…… マネープランに前向きに 取り組む気持ちになったわにこでした

子どものお金について知る

教育費はどうしたらいいの？ かかる費用や奨学金

準備がいるのかな
いくら

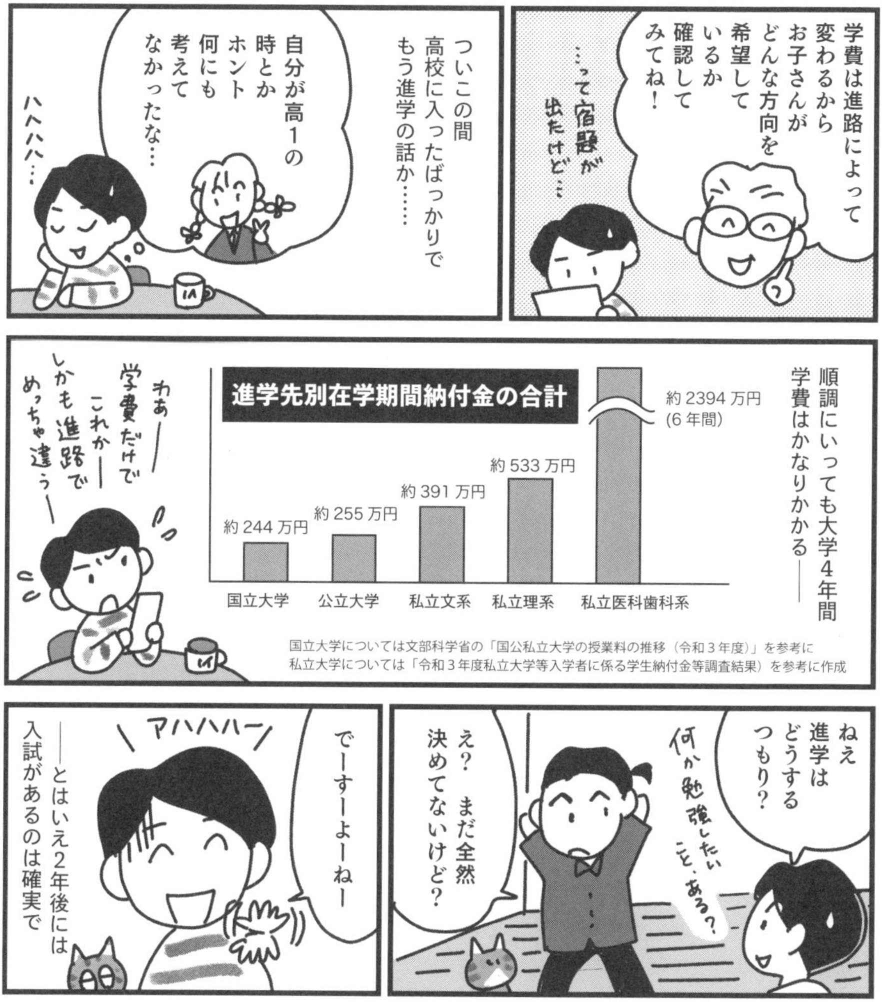

学費は進路によって変わるからお子さんがどんな方向を希望しているか確認してみてね！
……って宿題が出たけど……
ついこの間高校に入ったばっかりでもう進学の話か……
自分が高1の時とかホント何にも考えてなかったな…
ハハハハ…
順調にいっても大学4年間学費はかなりかかる——
進学先別在学期間納付金の合計
約244万円
約255万円
約391万円
約533万円
約2394万円 (6年間)
国立大学
公立大学
私立文系
私立理系
私立医科歯科系
国立大学については文部科学省の「国公私立大学の授業料の推移（令和3年度）」を参考に
私立大学については「令和3年度私立大学等入学者に係る学生納付金等調査結果）を参考に作成
わあ—
学費だけでこれか—
しかも進路でめっちゃ違う—
ねえ進学はどうするつもり？
何か勉強したいこと、ある？
え？ まだ全然決めてないけど？
でーすーよーねー
アハハハー
——とはいえ2年後には入試があるのは確実で

成績から私立文系の準備がいりそう……
数学ニガテなのね
うるせー親に似たんだよ！
成績
特に受験費用と入学金は余裕をもって考えないといけないらしい
うちは受験でなんだかんだで100万円かかったよ
ヒー
受けるだけで
友人
赤ちゃんの時に学資保険に入って
学資保険
200万
がんばって払ってきたからちょっと安心してたけど
17年間コツコツと…
「高3の夏で満期になるから大丈夫」と思ってましたが全然足りなさそうです……
ズーン
いやいや準備してたのえらいわよ！
受験〜初年度は保険でカバーできそうだからあと3年なんとかすればいいということよね！
大学スゴロク
受験
入学金・初年度学費
2年目
3年目
4年目
GOAL
留年はなしでひとつ
切実
一番いいのは高校生のうちに貯金をしておくことだけど……
うううう…
売れないイラストレーター兼フリーランス
厳しいかも…
学費の場合は各種奨学金や
教育ローンを利用することもできるわよ

奨学金には2種類あるんだけどできたら給付型を受けられるといいわね
貸与型
・採用されやすい
・在学中は返済不要
・保証人が必要
・社会人になったら返済
給付型
・受給資格が厳しい
・採用人数が少ない
貸与型もとてもありがたい制度だけど社会人になって返済していかなくてはならないから条件などはよくよく考えて申し込みましょう
奨学金
子どもが卒業後返済
奨学金の注意点は合格してからしか入金されないこと――だから受験費用や入学金の用意があるのは安心よ
なるほど!
受験費用（交通費や宿泊費も含む）が不足な場合は国の教育一般貸付も利用可能です
合格前OK!
親が在学中に返済
日本政策金融公庫の場合、固定金利 1.95%（2023年1月現在）
奨学金には成績などの審査があるからお子さんの進路が決まってから取り組むことになるわね
高校在学中に申し込む予約採用もあるから調べてみて!
まず審査に通るかどうかって問題もあるんですね
そもそも進学するかどうかもわからないしあんまり心配しても仕方ないか〜!
いやいや!
テキトーモード発動
いいかー ははぁー

そうはいっても1年先に割とはっきりしている出費だから
2022
2023
2024
2025
2026
今できることはやりましょう！
今は、年収が少ないかもしれないけど高校の学費は無償高3まではひとり親家庭支援で児童扶養手当がある……
今が貯めどきよ！
ハイ
ハイ
お子さんの進路のことはお金のことも含め
しっかりと話し合って
がんばれ
卒業までの子どもの学費・生活費が
なんとかなるように……
そしてその先の
ハッ…老後があった…
人生100年
自分の人生がなんとかなるように……
まずは家計を見直しましょう！
あっ…
ハイ…
ドキン
計算ニガテ惑星ズボラ家計星人

シングルマザーが受けられる公的扶助

児童扶養手当（全国）

ひとり親家庭で養育される18歳に達する日以後の最初の3月31日までの子どもの生活の安定のために支給される

児童育成手当（東京都）

18歳に達する日以後の最初の3月31日までの子どもを養育しているひとり親家庭に支給される
※自治体により異なる

住宅手当

18歳未満の子どもを養育しているひとり親が受けられる、家賃の一部を補助する
※自治体により名称・内容が異なる

ひとり親家庭等医療費助成制度

18歳に達する日以後の最初の3月31日までの子どもを養育しているひとり親の、医療費の自己負担分の一部を自治体が助成する

児童手当

0歳から中学校卒業までの子どもを養育している世帯年収の低い人に支給され、支給金額は子どもの年齢によって異なる

乳幼児や義務教育就学児の医療費助成制度

子どもが医療機関を受診した際に支払う医療費の自己負担分を自治体が助成する

※自治体により名称・内容が異なる

障害児福祉手当

遺族年金

特別児童扶養手当

生活保護

■ シングルマザー（ひとり親）が利用できるもの

□ その他、生活に役に立つ手当

それぞれ
条件を
確認してね

シングルマザーの減免、割引制度
（各自治体によって違いがあります）

○所得税、住民税の減免制度
○国民年金・国民健康保険の免除
○交通機関の割引制度
○粗大ごみ等処理手数料の減免制度
○上下水道の減免制度
○非課税貯蓄制度（マル優）
○保育料の免除と減額
○高校授業料無償　　　　など

何はともあれ
不明点があったら
住んでいる自治体の
役所に相談に行こう！

進学費用について知る・高等教育の無償化や奨学金

高等教育の修学支援新制度

2020年4月より「高等教育の修学支援新制度」として文部科学省が家庭の経済状況によって高校、大学、短大、専門学校などの授業料等減免などを行う修学支援を実施しています。いわゆる「高校無償化」「大学無償化」などといわれるものです。住民税非課税世帯とそれに準ずる世帯向けで、子どもの進学先で学ぶ意欲が問われます。

奨学金の貸与型と給付型

「奨学金」とは、経済的な理由で進学が難しい方に向けて、学費の給付や貸与を行う制度です。今や大学生の50%が利用しているといわれています。奨学金には貸与型と給付型の2種類があります。家庭の収入や成績などの条件により、受けられる奨学金が違ってきますので、日本学生支援機構（JASSO）のサイトなどで条件を調べてみましょう。大学だけでなく、専門学校への進学を希望する学生も受けられるものがあります。

貸与型は比較的利用しやすい奨学金です。JASSOの場合、第一種と第二種があり、それぞれ利息有、利息無での貸与となります。これも世帯収入や成績などの条件によって変わります。

給付型は家計基準や成績などの条件が厳しく、金額も十分でない場合もありますが、返済の必要がないので申し込みできればトライしてみましょう。

受けられる奨学金の情報を調べる

奨学金はJASSOの他に、地方公共団体、民間育英団体、進学する大学の独自制度などがあります。在学中の学校で奨学金について先生に聞いたり、奨学金の情報サイト「ガクシー」や「奨学金.Net」など、JASSO以外の奨学金の情報も網羅しているサイトなどでも情報収集しましょう。高校3年生の時に予約採用の申し込みができ、もし不採用でも、入学後に在学採用に申し込みもできます。大学進学だけでなく、小中学生、高校生向けや留学、研究奨励の奨学金もあります。

返済方法や期限について

貸与型は、学生本人が大学卒業後に返済していくことになります。借入金の返済シュミレーションもして、返済可能かどうかもしっかりと考えて利用することをおすすめします。親が借りる「国の教育ローン」などもありますので、進路も含め子どもとよく話し合いましょう。

日本学生支援機構（JASSO）
https://www.jasso.go.jp/

奨学金情報サイト　ガクシー
https://gaxi.jp/

当面必要なお金はいくら？

50代のうちに貯め体質になろう

わにこさんは今、貯金ができているかしら？
はい少しですけど
それは何のための貯金？
えー学費とかいざという時のため？
じゃあいくら貯めるのが目標？
BANK
いや……あればあるだけいいかな～ってその時できるだけ
時々取り崩しちゃったりもするのでなかなか貯まりません
あらら…
それは貯金というより予備費かもね
「貯金」とは使う目的をはっきりさせていつまでにいくら貯めるかを決めてしないと貯まらないものよ
いつ何に使うか
目標
逆算して毎月いくら積み立てるか決める！

毎月の収入と支出からだいたいの予算が立てられるかしら？
うっ
それが……フリーランスなので収入も変動が大きいし
スス……
家計簿もつけてなくて……
確定申告の時に1年なんとかやってこれたな～って振り返る程度で……
うっ…
ダメすぎますよね…
それでやってこれてるなら大丈夫！
あとはやり方を覚えれば改善の余地だらけよ！
伸びしろしかない！がんばりましょう！
本当ですか
まずは今、確保したいお金を確認します！
とりあえず……あなたに何かあった時にお子さんがすぐ使えるお金と入院の時の保険これがあればOK！
50代のひとり親の場合ね
もしもの時の備え
・子どもがすぐ引き出せるキャッシュカードを用意
口座に生活費３ヶ月分くらい入れておく
・入院した時の保険
ガンで一時金が出るタイプ
掛け捨てでOK
おー！
カードの用意はできてます！
↑1章で用意した！
ホッ
保険も入ってるやつで大丈夫そう…
次はざっくりでいいので家計の把握をしましょう
毎月何にいくら使っているか書き出して
支出

あーーーー一番苦手なやつう〜〜
やらなきゃダメなんです…よね…
もし、安心して老後を迎えたいなら今、キチンとすることが大切ですよ……
ここが運命の分かれ道…なんてね
ヒ〜〜がんばります〜〜
なんとかやってきた40代と違って50代は支出もコントロールできるようにしてダウンサイジングしていかないと
なるほど…
支出も下げないと赤字に！
収入
年金のみ
50
60
70
80
老後収入が減ると苦労することになってしまうんです
まずは固定費と変動費に分けて把握しましょう
固定費
・住宅費（家賃や住宅ローンなど）
・生命保険料
・車関連費
（税金・保険・ガソリン代・車検代など）
・習いごとや塾代
・サブスクリプションサービス　etc.
変動費
・水道光熱費　・被服費（衣類等費用）
・食費　・日用品費　・医療費
・外食費　・交際費
・レジャー費　etc.
見直しやすいのは固定費ね
金額も大きいし効果も大きいわ
保険
現状、家計が厳しければ年齢や家族構成に応じて思い切って見直すこともありなのよ
えっ固定費を？

見直しやすいのは 生命保険ね 補償内容を見直したり 支払いが高額なら 掛け捨てに変更する 方法もあります
死亡保険 ○○○○円
医療保険 ガン特約 一時金 ○○○○円
○○生命
ネットで加入すればラクラク
住宅も賃貸なら 子どもが成人するまでの 間は、思い切って 公営住宅に住む方法も あります ひとり親は家賃補助を 受けられるケースも あります
自治体の情報もチェックして！
習いごとや塾代 ジム費用やサブスクなど それは 「今、本当に必要か」 もう一度見直しましょう
アプリ・視聴サービス
学習
電子書籍
TV
忘れてるのもあるかも…
特にサブスクは 必要かどうか 整理してみて
次は変動費 これはむやみに 節約しようとするより 予算を立てて 守ることが大事です
米
祝
普段ケチケチして いても、リバウンドで 衝動買いをしたら 意味がないでしょ
グサッ
何故ご存知！
老後で困らない生活を送るために 一歩踏み出しましょう！
明るい老後
勇者わにこ

毎月の予算管理のための費目の例

実際に使っているお金を書き出して、現実的に達成できそうな目標予算を決めよう！

			現状の金額	目標の予算
固定費	口座引き落とし	先取り貯金		
		住居費（家賃や駐車場代など）		
		生命保険料・火災保険料		
		自動車保険料		
		通信教育費		
		プロバイダー使用料		
		サブスク		
	手元管理 ※引き落としと分ける	習いごと		
		塾代		
		母小遣い		
		子ども小遣い		
変動費	口座引き落とし	水道光熱費		
		携帯代		
	手元管理	日常生活費（食費＋日用品） →月額から週分けに		
		お米代		
		ペット代（エサ、砂、医療費）		
		嗜好品・外食費＋レジャー費		
		ガソリン代ほか		
		交通費		
		被服費		
		医療費		
		交際費		
		子どもの学校関連費		
		予備費		

1ヶ月の予算 ＿＿＿＿＿＿ 円

・美容院代は「母小遣い」に含めるなど、自分で費目やルールを決めてね！

だいたいでいいのでとにかく記入して！
まずは知ること！

家計管理はどんぶりでOK！

家計予算管理の基礎の基礎

どんぶりでいい！
ザルでなければ!!

家に帰って記入してみたところ
プルプル
ぐぬぬ……
うすうす感じていたけれど
思ったよりすごい生活費かかってる！
フラ〜
赤字スゲー
どうやって暮らしてるのワタシ〜
考えてみるとクレジットカードやPay払い交通系iD
手軽なのでポイポイ使いすぎていたかも
貯金もちょっと減ってる……
先生……現状が書けました……
ヨロヨロ……
おお前進ね！
次は、月収入以内に予算が収まるように現状の金額から使えるお金を考えてみて！月収は年収から割り出してもいいわよ
はい！
う〜んやっぱり食費多いかな

食べ物はあっという間になくなるし
妖怪ハラヘッタ
なんかなーいー?
ニャーニャー
とにかく補充しておかないと……って毎日買い物してる気がする……
お肉コーナー
忙しいから出来合いのものも多いし…
予算を立ててもついつい欲しいものを買っちゃったりするんですよね
どんぶり勘定で…
わにこさんそれ、どんぶりじゃなくて
ザル家計よ……
どんぶりは底があるからそれ以上減らないけどザルは抜けていっちゃうのよ……
ざっくりとどんぶり予算でいいから決めたら小どんぶりに分けてそれを使うのよ!
1ヶ月の予算
食費
1週目
2週目
3週目
4週目
予算が決まったら使うお金を透明のジッパーつきビニール袋などに入れて分けて使うの
現金の袋分けですか?
10000
でも今はほとんどキャッシュレスになっちゃって……
ポイント貯まるし便利だし…
そうよね〜

でもキャッシュレス決済は残高が目に見えづらいから管理ができていないんじゃないかしら……
ピッ!
ここはスイカで
ピッ!
こっちはOpay
確かに……
オートチャージでまさしくザル…
ポイントは、光熱費や通信費などをカード払いにして貯めたらどうかしら?
口座払いや払込書
カード決済に
一度予算を守るのに慣れるために現金の袋分け支払いを試してみて! すご〜くわかりやすいわよ!
原点回帰
10000
5000
1000
うーん
でもお〜昔袋分けでやってみたことあるんですけどうまくいかなくて…
うだうだ
あっ! それ封筒でやったでしょ!
はい
おこづかい
光熱費
生活費
封筒はね〜中身が見えないからだめなのよ〜
中身が見える透明な袋を使うのがコツよ!
ジッパーつきビニール袋や
10000
1000
100均によくあるB6サイズのファスナーケースがおすすめ!
「見える化」が大事なの!

土曜日から
食費は
1週間の予算を
袋に入れて
そこから
払ってみて！
あと
ジッパーつき
ビニール袋
ガンバレ
今週使うの
だけ
ファスナー
ケースで
ということで
透明袋分けを始めてみました
食費と
日用品
1週間
1万円
チャレンジ！
米代は別…
なんかの
企画みたいニャ
いつもの調子で
まとめ買いをしたら
えーと肉・野菜
牛乳
卵
デザートに
おかし…
6070円
です
あ…
イキナリ
60％使って
しまった
ううーむ
肉や魚や野菜は
ともかく
カップラーメン
とか
おやつとか
買いすぎ……
かも？
ラーメン
ポテチ
アイス
チョコ
レシート
おやつ
買って
くれた？
仕事帰りの
買い物も……
○○ストア
あっ牛乳…
いつもならついで買いする
自分のチョコやアイスも
我慢……
お願いします
ハイ
確かに
なくなったら
終わりと
思うと
コントロール
できる……
透明
袋分け
現金
わかりやすい

土曜日から金曜日の1週間の
予算を火曜日で使い切り
キエエ…
もうなか…
あとは買い置きで
なんとか乗り切りました
たしかそうめんが
残ってたハズ…
何も考えないで
ちょっと疲れたな～と
お惣菜を買ったり
甘いものを買って
食べすぎたり
していたかも……
と反省
POTATO
ICE
cookie
CHOCOLATE
――家計と一緒に
おなかもダイエットできるかも？（ポジティブ思考）
予算内でおさめようと
作り置きや
冷凍保存も
やる気が
起きました
子どもの
分は減らせ
ないよね……
予算が守れて
節約できたというのも
嬉しかったのですが
10000
それよりも……

キャッシュレス決済で感じていた
ピッ！
もやっ…
あといくら使えるのか知らんけど
なんとなく、使いすぎ？みたいなモヤモヤが消えてスッキリ
もちろんスマホの家計アプリで集計したりきちんと管理されている方もたくさんいるんですが
えーとえーと
絶望的に数字が苦手な私にとっては
所《しょ》詮《せん》私は旧人類…
現金がわかりやすい
この透明袋分けは絶大な効果がありました……
日用品まで含めるともう少し予算が欲しいな～
12,000円にしてみるか！
予算を守れない時は見直したり
やっと「予算」の意味がわかってきたかも……
予算
53歳おめでとう
キャッシュレス決済を使った時はその分抜いて対応をしたり
いままでどれだけ野放図でザルだったかよくわかりました……
早速やってみたのね！エライ！

食費のどんぶりが守れたら他もトライしてみてね！
おこづかいとかね 自分のやりやすい方法でOK！
予算を立てて、守る！守れなかったら修正してそれを守る！その繰り返しで「貯め体質」になれるのよ
家計簿をつけるだけじゃ無意味なのよ
大事なことは「いくら使ってきたか」じゃなくてこれから「いくらで生活しよう」と決意したのか
予算を見直しながら「こうなりたい目標」に向かっていきましょう！
当面の目標
老後の目標
——計算はニガテだけど見える化で家計にも光が見えてきた？
なんだか行けそうな気がしてきた
豊かな老後
子どもの教育
やりたいこと
夢
仕事
勇者わにこ
目標に向かってがんばる気力が湧いてきたわにこでした

老後マネーのプランニング？

収入と年金の未来家計年表

未来家計…

50代までは子育てラストスパートをがんばり家計のダウンサイジングを心掛け
59歳で子どもが大学卒業…（予定）
高齢出産なのでゴールが遅めOO
ニャーは14歳…
60代前半が貯めどきかな？と当面の目標は立ちましたが……
フリーなので定年がないんだよねー…
必要なお金！
54〜59歳
60〜65歳
といいつつ明らかに加齢による衰えも感じ
メガネ、メガネ
おーい
いつまで働けるか正直不安……
よ〜し、いよいよ老後マネーのことちょっと考えましょうか！
もう一度「ねんきんネット」で年金の受給額を確認してみて
試算…と
ねんきんネット
はい、えっと
えっっ！1ヶ月8万8千円ちょっと！って厳しくないですか
生涯フリーランス＋年金分割分
仕事やめたら生活できん！
それは65歳支給開始の場合よね

年金は繰り下げ受給や繰り上げ受給ができてもらえるお金が受け取り期間開始年齢で変わるのよ
繰り上げ受給（65 歳より早くもらう）
・減額率 0.4%× 繰り上げた月数
60 歳でもらいはじめたら 65 歳の 70%
繰り下げ受給（65 歳より遅くもらう）
・増額率 0.7%× 繰り下げた月数
70 歳でもらいはじめたら 65 歳の 142%
75 歳でもらいはじめたら 65 歳の 184%
※2022年4月改正より
けっこう違いますね……
「長生き前提だと遅くもらい始めたほうがお得」ってコトですか
そうなのよ
もらい始める年齢での損益分岐点が計算できるけど結構複雑なのよね
数字もどんどん変わるからサイトでチェックしてみてね
これは目が離せませんね
でも何歳まで働けるか何歳まで生きるかなんて誰にもわからないわよね～
あなたも わたしも
ウン ウン
まだ少し先のことだけどその時が来たら受給開始年齢を決められるように情報は知っておきましょう!
ハイ!
わんきん定期便
わんきんネット
ただ、やっぱりシングルマザーさんの年金は十分とはいえない額なのが実情よね……
特にフリーランスは退職金もないし……
あっ! ハイ! 先生!

私、退職金代わりにと思って20代で個人年金保険に入ってました！
あら！
意外と考えていた
60歳から10年間毎年100万円もらうために毎月1万円死ぬ気で払ってます……！
ぐぐ…血涙…
今でいう「お宝保険」ね素晴らしい！
そうしたら少し年金不足もカバーできそうね
マジありがとう
20代のワタシ…
感謝しろよ！
じゃあここで「未来家計年表」を仕上げましょう！
未来家計!?
まずは年金収入の予定表を買いて……
65歳スタートと70歳スタートの2種類作ってもいいかも
個人年金がなくなる70歳からがピンチ……
年金予定表（予想額）
合計額を転記
次に予想される貯蓄残高や年金働いて得る収入の予定を書きます
え〜っと70歳までは働けるかな？
エクセルで作ってもいいよ
年金予定表65〜
家計の予想額に加えて59ページで書いた「未来予想図」の暮らしややりたいことに必要なお金も書き込んで
おおっ！ここで未来予想図登場！

年	本人年齢	子年齢	公的年金など	企業年金など	個人年金保険	支給額の合計
2028	60	23			100	100
2029	61	24			100	100
2030	62	25			100	100
2031	63	26			100	100
2032	64	27			100	100
2033	65	28	105		100	205
2034	66	29	105		100	205

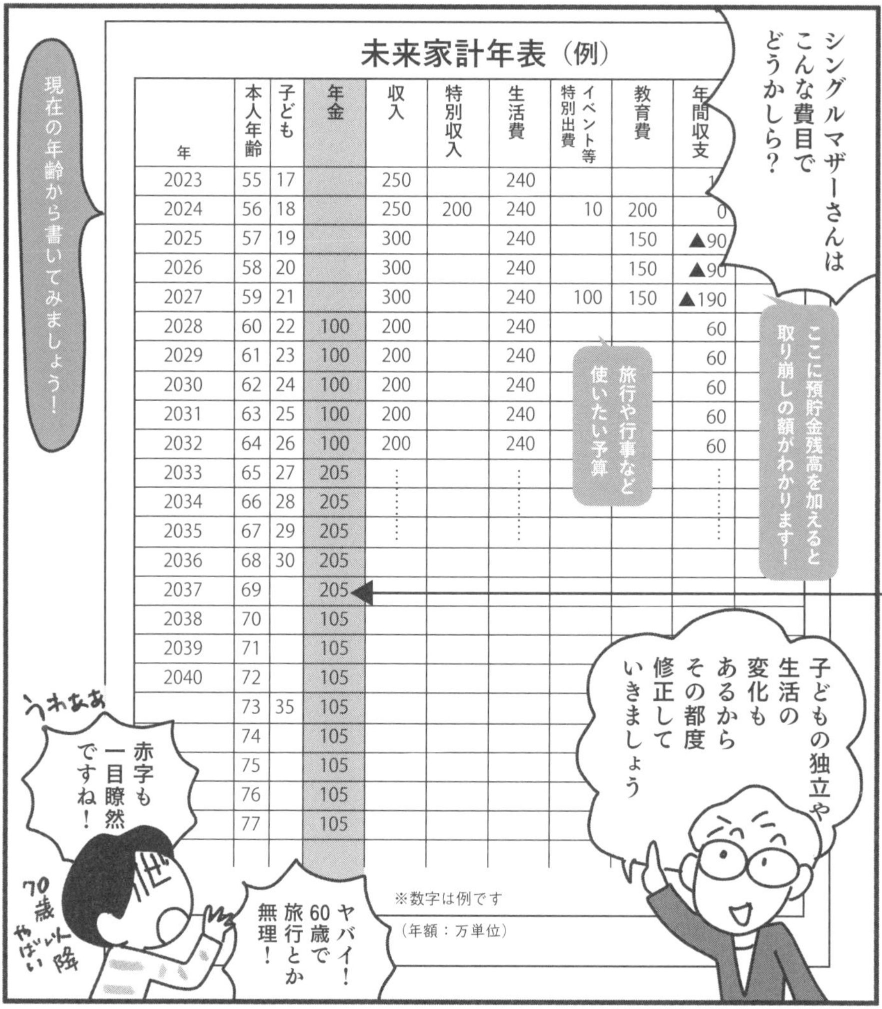

未来家計年表（例）

年	本人年齢	子ども	年金	収入	特別収入	生活費	イベント等特別出費	教育費	年間収支
2023	55	17		250		240			1
2024	56	18		250	200	240	10	200	0
2025	57	19		300		240		150	▲90
2026	58	20		300		240		150	▲90
2027	59	21		300		240	100	150	▲190
2028	60	22	100	200		240			60
2029	61	23	100	200		240			60
2030	62	24	100	200		240			60
2031	63	25	100	200		240			60
2032	64	26	100	200		240			60
2033	65	27	205	⋮		⋮			⋮
2034	66	28	205	⋮		⋮			⋮
2035	67	29	205	⋮		⋮			⋮
2036	68	30	205						
2037	69		205						
2038	70		105						
2039	71		105						
2040	72		105						
	73	35	105						
	74		105						
	75		105						
	76		105						
	77		105						

※数字は例です

（年額：万単位）

シングルマザーさんはこんな費目でどうかしら？
現在の年齢から書いてみましょう！
ここに預貯金残高を加えると取り崩しの額がわかります！
旅行や行事など使いたい予算
子どもの独立や生活の変化もあるからその都度修正していきましょう
ヤバイ！60歳で旅行とか無理！
赤字も一目瞭然ですね！
うわああ
70歳以降やばい

あ……でもいつヤバイのかだいたいわかるから対策をすればいいのか
70歳に備えて収入を増やすか家計をひきしめるか…

そうそうプランを知れば老後もそんなに怖くないでしょ
プラン大事ですね！
納得!!

年金予定表

自分に必要な項目を記載してね

（年）	本人年齢	子年齢	公的年金	企業年金など	個人年金保険	支給額の合計
2023						
2024						
2025						
2026						
2027						
2028						
2029						
2030						
2031						
2032						
2033						
2034						
2035						
2036						
2037						
2038						
2039						
2040						
2041						
2042						
2043						
2044						
2045						
2046						
2047						
2048						
2049						
2050						
2051						
2052						
2053						
⋮						

合計額を転記

Copyright (C) 2021 MY PLANNING OFFICE All right reserved

未来家計年表

費目は自由に変更してね

（年）	本人年齢	家族の年齢	家族の年齢	公的年金など支給額合計	働くことによる収入予定	特別収入※	生活費	イベントなどの特別支出	教育費	年間の収支	貯蓄残高
2023											
2024											
2025											
2026											
2027											
2028											
2029											
2030											
2031											
2032											
2033											
2034											
2035											
2036											
2037											
2038											
2039											
2040											
2041											
2042											
2043											
2044											
2045											
2046											
2047											
2048											
2049											
2050											
2051											
2052											
2053											
⋮											

※養育費・保険金・退職金など

投資って何？
50代でもつみたてNISAやiDeCoはトライするべき？

株
なにそれ食べられるの？

資産形成は貯蓄から投資へという時代に
え～こういう話題ニガテ……
NEW
確かに貯金しても利子もつかないけど
したことない
投資って元本保証もないしデンジャラスなんじゃないのかな？
先生！老後資金のために投資は必要でしょうか？
そうねー お金を増やす方法は3つしかなくて
働いて収入を増やすか支出を減らして貯金するか
もうひとつは資産運用をして増やすか、なのよ
投資
えっ、でもでも損するかもしれないし絶対大丈夫なものでもないですよね
リーマン・ショックとか…
確かに勉強もせずに株を買ったりすると大損する可能性は高いですよ
それと長期投資が基本だから日々の運用結果が気になりすぎる人にも向いていません
今の
株価は……
ドキ
ドキ

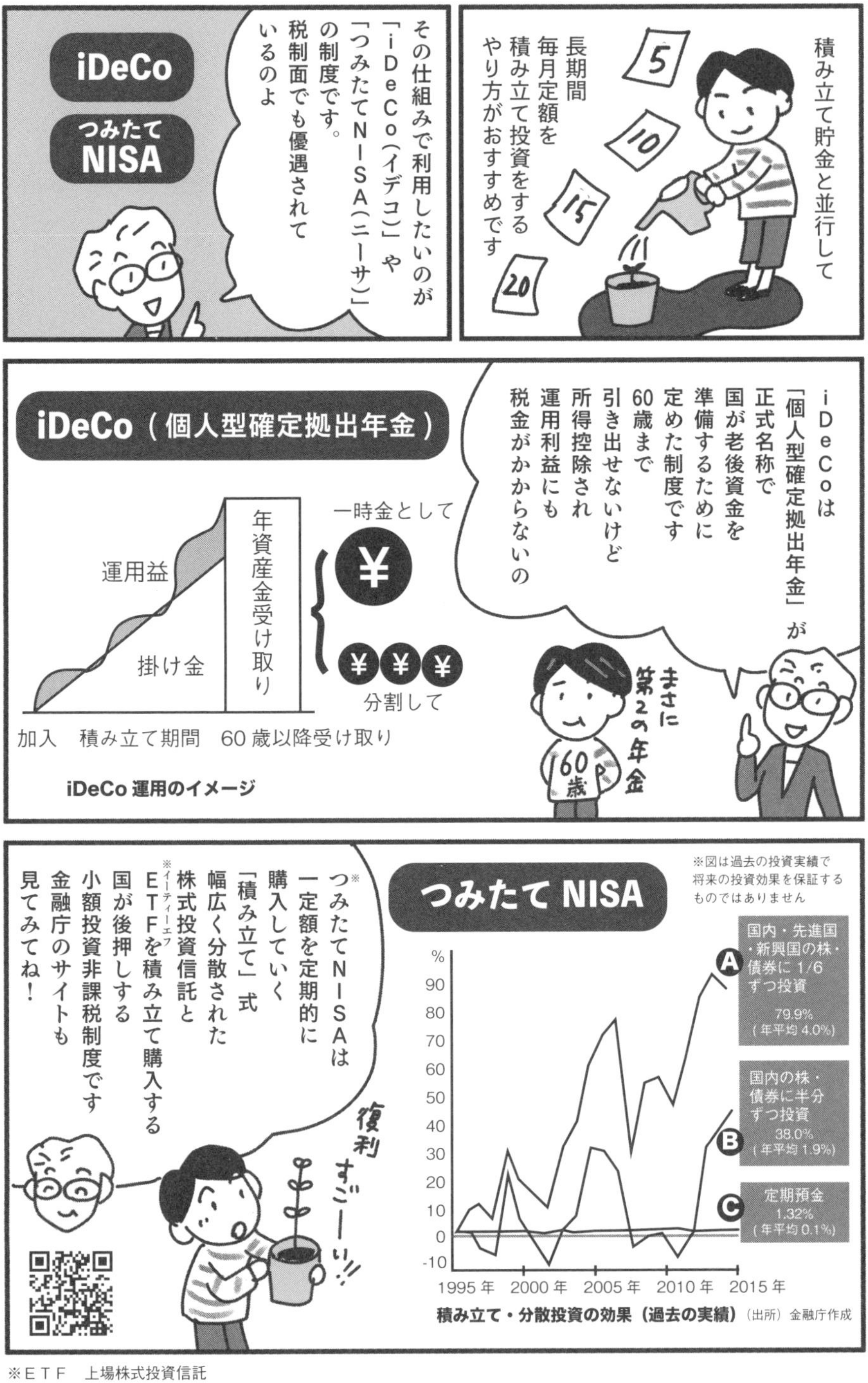
積み立て貯金と並行して
長期間
毎月定額を
積み立て投資をする
やり方がおすすめです
5
10
15
20
その仕組みで利用したいのが
「iDeCo（イデコ）」や
「つみたてNISA（ニーサ）」
の制度です。
税制面でも優遇されて
いるのよ
iDeCo
つみたて
NISA
iDeCoは
「個人型確定拠出年金」が
正式名称で
国が老後資金を
準備するために
定めた制度です
60歳まで
引き出せないけど
所得控除され
運用利益にも
税金がかからないの
まさに第2の年金
60歳
iDeCo（個人型確定拠出年金）
運用益
掛け金
年資産金受け取り
一時金として
分割して
加入　積み立て期間　60 歳以降受け取り
iDeCo 運用のイメージ
つみたてNISA※は
一定額を定期的に
購入していく
「積み立て」式
幅広く分散された
株式投資信託と
ETF《※イーティーエフ》を積み立て購入する
国が後押しする
小額投資非課税制度です
金融庁のサイトも
見てみてね！
復利すごーい!!!
つみたて NISA
※図は過去の投資実績で
将来の投資効果を保証する
ものではありません
%
90
80
70
60
50
40
30
20
10
0
-10
1995 年　2000 年　2005 年　2010 年　2015 年
A 国内・先進国・新興国の株・債券に 1/6 ずつ投資 79.9%（年平均 4.0%）
B 国内の株・債券に半分ずつ投資 38.0%（年平均 1.9%）
C 定期預金 1.32%（年平均 0.1%）
積み立て・分散投資の効果（過去の実績）（出所）金融庁作成

※つみたてNISAの内容は変更予定があるので要確認。
金融庁「つみたてNISA特設サイト」 https://www.fsa.go.jp/policy/nisa2/index.html

※ETF　上場株式投資信託

積み立て貯金の利息は
期待できないし
だったらその半分でも
積み立て投資に回しても
いいかも……
0.002%って何？
貯金代わりと考えるなら
投資信託など
運用する金融商品を決めて
毎月少額を一定期間
長期にわたって
購入するのがよいでしょう
平均株価
資産
購入分
ドルコスト平均法
積み立て投資で
心がけたいのは
長期
少額
分散
とにかく焦らない！
特に初心者は
気をつけましょう
少なくとも
10年スパンで考えましょう
もうひとつ
「※一般NISA」
というのがあって
それは1年間120万円
までの投資の利益が
非課税だけど
つみたてNISAは40万円まで
そちらはいわゆる
「株」というもので
上場株式、ETF
R※EIT《リート》、投資信託が
対象で、上級者向けと
いえます
ハイリスク
ハイリターン!!
あー株って
株主優待とか
ああいうのって
どうなんですか？
お得そう……
優待券
自社製品
つめあわせ！
あれは特定の会社の
株を買うものだから
100株以上
保有しないと
もらえないことが多いし
リスクも大きいから
初心者が
資産を増やすのには
おすすめしないわね
わはは
失礼
しました

※2024年よりつみたてNISAは120万円まで、一般NISAは240万円までと利用枠が広がり、2023年現在両方同時には利用できませんが、その制度も政府はなくす方針です

※REIT　不動産投資信託

とにかく一番よくないのは必要なお金を勉強せずに投資に回してしまうこと
絶対もうかると思ったのに
老後資金を失ってしまうかもしれませんよ
時間を味方につけるという意味では50代は投資を始めるラストチャンスかも！でも、無理はしないで
長期運用がカギ！！
よく自分でも勉強と検討をしてみてね！
ハイ！
欲ばらずが大事ですネ！

iDeCo とつみたて NISA の比較表

	つみたて NISA	iDeCo
年間投資額の上限	40 万円	14 万 4000 円～81 万 6000 円（職業、加入している年金の制度により異なる）
拠出金	所得控除の対象にはならない（課税）	所得控除の対象（非課税）
運用時の利益	非課税	非課税
運用期間	20 年間	加入から 60 歳まで（10 年間延長可能）
損益通算	できない	できない
運用できる商品	長期・積立・分散投資向けの一部の投資信託と ETF	定期預金・投資信託・保険
資金の引き出し	いつでも OK	60 歳まで原則不可

Memo

いろんな金融機関で取り扱いがありますが、取引手数料の少ないところがおすすめ！

ネット証券は手軽で手数料も安いところが多い！

こつこつ
つみたてNISA
やってみようかな

運用利益に対する優遇税制も見逃せない！

病気と医療費について知る

入院や介護施設に入るための資金は？
親の介護資金・相続についても知る

あとはやっぱり何歳まで健康で働けるかってことですよね～
病気やケガもあるし医療費もかかるかも…
女性の平均寿命※は87・57年
健康寿命※は75・38年
その差12.19年…
ピンピンコロリが理想だけどそうでない場合は医療費や介護費が…
＝平均12年は健康でない状態
「未来家計年表」はずっと健康前提だけど
未来家計
やっぱり心構えは必要ですよね
それは本当に個人差が大きいんだけど生涯でかかる介護費用は
平均約510万円といわれているわ
ごひゃくじゅうまん！
ざっとこんな計算になるけどこれもケースバイケースなのよね
あくまで平均よ
介護にかかる月額費用＝7.8万円
一時的にかかった費用の合計69万円
介護期間≒54.5ヶ月
約8万円×55ヶ月＋69万円
＝509≒510万円
※公益財団法人生命保険文化センター2018年データより

※平均寿命：厚生労働省「令和3年簡易生命表の概況」
※健康寿命：厚生労働省科学研究班算出（令和元年）

年金の額や医療保険でも変わってくるけど
年金
保険
まあ一応準備をする心構えはしておくべきね

一人で生活できなくなった時子どもに負担をかけたくない場合は介護施設への入所が考えられるけど……

主な介護施設の種類と利用料の目安

公的施設

	月額
特別養護老人ホーム（特養）	※1 8~18 万円
介護老人保健施設（老健）	※1 8~20 万円
※2 介護療養型医療施設（介護療養病床）	※1 8~20 万円

※1　利用料に介護費用の実費が加算されます
※2　2024年3月末で廃止となり、介護医療院となる予定

民間施設

	入居一時金	月額
介護付き有料老人ホーム	※50~500 万円	20~35 万円
住宅型有料老人ホーム	※50~500 万円	15~35 万円
サービス付き高齢者向け住宅（サ高住）	※主に敷金	10~30 万円

※入居一時金、月額利用料などは施設や地域などによって異なることがあります

公的・民間ともに決して軽い負担ではないのよ
医療費なども あるし…

うわ～生きていくのってお金がかかる～！

介護費用だけでなく医療費も考える必要があります
ハッ
それも…

年齢階級別 1 人あたりの医療費

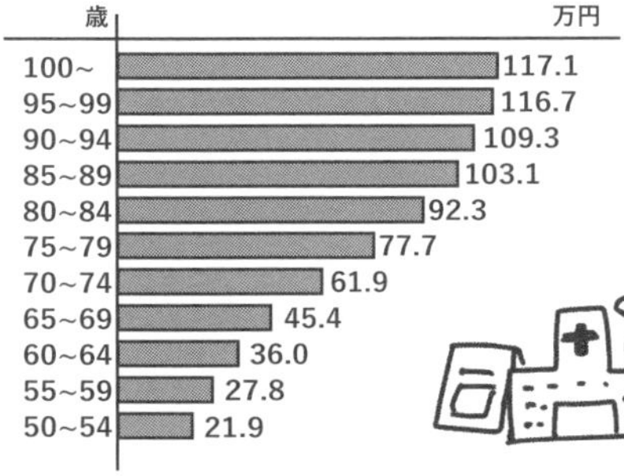
歳
万円
100~ 117.1
95~99 116.7
90~94 109.3
85~89 103.1
80~84 92.3
75~79 77.7
70~74 61.9
65~69 45.4
60~64 36.0
55~59 27.8
50~54 21.9

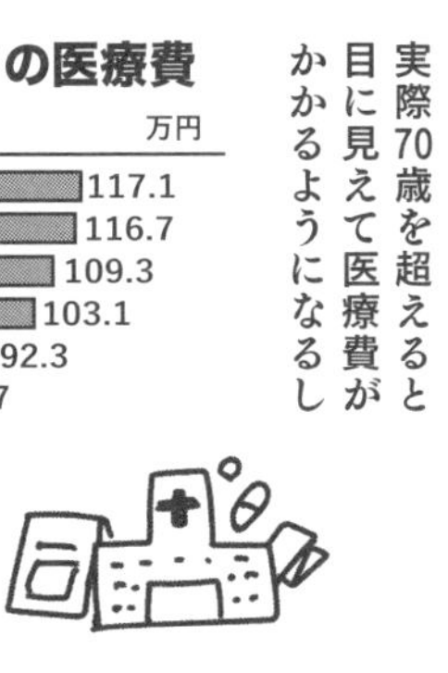
実際70歳を超えると目に見えて医療費がかかるようになるし

※「医療給付実態調査報告平成 30 年度」（厚生労働省）等より作成

医療保険とか
見直したほうが
いいんでしょうか
終身タイプとかに…
うーん、今から
入るのだったら
その分貯蓄に回すのも
ひとつの方法よ
保険のシミュレーション
終身タイプは高額だし
使うかわからないし
日本には高額療養費
制度があるから
自己負担の上限を超えたら返金
国
¥
保険医療を受けるので
あれば、医療費を
抑えることができます
……とはいっても
入院したり介護と
いうことになれば
子どもが
親の年金や
財産で
足りない分は
負担することも
多いし……
健康って大切…!!
これ本当に
いくらあれば
安心ってことじゃ
ないんですね～
ひー
そうよ～
また親が
お金をたくさん
持っていれば
安心かというと
そうでもなくて
特に認知症に
なってしまうと
お金は本人も子どもも
自由に使えなく
なってしまうのよ
えっ
そうなん
ですか？
親のお金が使えないってことですよね…
そうなのよ

認知症といってもアルツハイマー型等だけじゃないのよ
事故や病気で認知機能が失われた場合さまざまな制限がかかります
具体的にできないことは
こんなにあります
・預貯金からの出金
・契約書への署名捺印
・不動産の売却、処分
・賃貸物件の新たな契約
・相続手続き、財産贈与
・遺言書を作る　など
あなたの場合は今すぐ老後の対策が必要というわけではないけど、その時誰にお金の管理を頼むのかなど考えておかなくてはね
だからいろんなケースに対してエンディングノートなどで自分の意思をはっきり示しておくことは大事なのよ
うんうん
そういえばお母さんが倒れた友だちが本当に困っていたな……
親のお金がどうなってるかわからない〜
私はもう親はいないけど
親が健在な人は早めにそのあたり相談しておくのが理想よね
親
親
子
とはいっても実際、親が元気なうちはお金のことなど聞きづらいですよねー
まだボケとらんぞ
そうよねー
私も何もできなかったなー

元気なうちはいいけれどいざ問題が起こると子どもは必ず巻き込まれてしまいます！
知らないうちに認知症が進んでた…とか

そうならないために親が高齢になったら普段から状態を把握しておきましょう
元気だよー
定期連絡
OK!

実家の住環境や暮らしぶりの
チェックポイント

- □電球や蛍光灯が切れていないか
- □浴室の入り口の段差
- □浴槽の高さは手すりがなくても差し支えないか
- □浴室の床がすべりやすくなっていないか
- □浴室から出てくるスペースの室温調節ができるようになっているか
- □夜中にトイレに行く際の動線の中で、つまずくものはないか
- □賞味期限の切れた食べ物が冷蔵庫にいっぱい入っていないか
- □飲み残しの薬が溜まっていないか
- □通信販売で購入したサプリメントのようなものが台所やテーブルに置かれていないか
- □小銭や財布が無造作に台所や居間に散らかっていないか

親が元気なうちに
やっておきたい10のこと

❶親の暮らしぶりを把握する（住環境やご近所付き合いなど）
❷親の健康状態を把握する
❸親の「かかりつけ医」やお隣近所に挨拶をして自分の連絡先を知らせておく
❹親の気持ち（言葉の背景にある気持ち）を知る
❺親とのコミュニケーションを図る
❻親が介護になった時にどうするのかを、家族で話し合う
❼親の終末期の医療についての希望を聞き出す
❽親の経済状況を把握する
❾親の財産の守り方を知って、対策を講じておく
❿エンディングノートを使って、必要なことを書き留めておく

兄弟姉妹がいる人は「万が一、親が介護になった時どうするか」を事前に話し合っておいたり普段からお互いに連絡をとったりすることも大切です
LINEグループ作っとこ!!

老後は誰にでもやってくるものだからマネープランだけじゃなくいろんな手続きがスムーズにできる準備をしておくことを忘れずにね！
イエッサー！
いずれ行く道…

長生きリスクって？

体と心の健康を第一に考えよう

めざせ元気なお年寄り

「長生きリスク」という言葉をご存じですか？
思ったよりも長生きしたことで老後資金が足りなくなって生活に困窮することをいいます
本来、長生きはおめでたいことなのに
なんとも辛い言葉……
せっかく楽しい老後を考えてみたのに長生きしたらいけないみたいだよね〜
ちょっと待って！
ジャーン
先生っどこから現れたんですかっっ
スタンド使い!?
せっかく老後までのマネープランを見える化したのに悲観しないで！
問題が起きてもクリアしつつ前に進めるわよ！
そうなんですけど……あれもこれもやらなきゃと思うとちょっと不安に……
うう
弱気の虫

あらー！ 1回書き出したらもう忘れちゃっていいのよ！
えっ！
近くのことはやらなきゃだけど遠くのことは考えなくていいの薄目でぼんやりと見ておくだけでいいのよー
やること
だいたいTO DOリストなんて、1日3つできたらめちゃめちゃ自分をほめていいわよ！
3つもできた！
TO DO リスト
今まで記入したものは時々見返せばOK
気がかりリスト
記入したことでしっかり潜在意識に残っているはず
ただでさえシングルマザーはやらなきゃいけないことが山盛りでしょ
高い山
重荷
ぐぐぐ
全部パーフェクトにはできないからあきらめたり妥協しなくちゃいけないこともあるわ
人生晴れの日も雨の日もあるじゃないやらなきゃってストレスで今が辛くなってしまったら本末転倒よ！
今、楽しみながらできる範囲でやればいいのよ！
先生……
ボロッ

ライフプランもマネープランもできたじゃない！もっと自信を持って！
わーん ありがとうございます～
お金も大切だけど体と心の健康が一番大切よ！
イエーイ
元気があればなんでもできる
ババア わにこ
50代はお子さんとの日々を大切に楽しみつつ
ハイッ
てへへ…
仕事をがんばる！って感じかしらね？
ライフプランとマネープランの攻略マップを手に入れたことで
ファイトー・
人生100年の塔も怖くない！と思えるようになりました！
人生後半戦いっくぞー
わにこの レベルが 1あがった！
勇者 わにこ

人とのつながりも大切に

幸せ老後は
お金だけじゃない!

Hi!

よーし これで安心してがんばれるぞ!
わにこさん
はい?
幸せな老後を送るためにお金と健康
あともうひとつ何だと思う?
えっ!まだ何かあるんですか?
ニコニコ
それは「人とのつながり」よ――
ハッ!
確かに……!
特にシングルマザーは何かを決定する時相談できる相手がいない
こうやって私のところや詳しい人のところに相談に行くのもひとつの「つながり」といえるし

子どもが巣立って
おひとり様になったら
友人との付き合いや
趣味などを通じて
気軽に話のできる
コミュニティに
顔を出して
「つながり」を
持っておくといいわよ
いい刺激にもなるし
ボケ防止
自分ひとりでは
解決できない
ことも
人と話せば
すぐわかる
ことも
多いのよ
まあ人によっては
人付き合いが
ストレスな場合もあるし
自分に
合った方法で
無理はしないで
はい
ほどよい距離感で
お互い支えたり
できるといいわよね
SNSや
LINE
サークル
親族交流
これまでの
人生経験を活かして
自分が心地よい
人間関係にしましょ
具合が悪くなった時など
大丈夫!!
SOS!
頼れる人や
方法も確保して
おきたい……
人はひとりじゃ
生きられない
ってこと
忘れない
でね!
激しく
同意
ウン
ウン
コクコク

子どもと家計について話し合おう

状況は共有しつつ
気持ちに負担をかけないように

あとはお子さんと家計についても話し合っておいてね
あまり負担をかけない伝え方ができるといいわね
あー そろそろやらないとな
気がつけば離婚時小学生だった子どもも高校生
もう私より大きい…
中学生の時にコロナ禍が始まって
それなりに反抗期もありましたが
ハーッ
フーッ
思春期vs更年期
高校ではすっかり落ち着いて
自分でお弁当を作って通学しています（感謝）
18歳成人に向けて自分の銀行口座やキャッシュカードネットバンキングのやり方を教えたり
NET BANK
マイナンバーカードを作ったり
母が倒れてもなんとかして
猫も頼んだよ！
お、おう！
——と頼んでます

——進学に関する予算と
今の家計の話も
高2になった時点で
話し合っておくことに
これがこうで…。
いや～結構
大変だったん
だね～
ちょっと
わかってなかった
かも…
母も一生懸命
働くので
しばらくは
こんな
予算繰りで
お願いします
OK!
思うところあったのか
アルバイトを考えたりも
していたようです
バイト
しようかなー
自分の高校時代を思うと
苦労もさせているし
ありがとー
早く大人にして
申し訳ない気もするけど
ないカードで嘆くより
こんなにあるぞッ
予算
仕事
健康
住むところ
手持ちのカードで
楽しくやっていくことを
覚えてほしい……
この先いろんなことが
あるだろうけど
話し合いつつ
解決できます
よう——
ファイト!
次の主役は
君だ!
そしてハッピーに
自分の人生を
歩んで行ってほしいと
願うのでした

コラム

シングルマザーのパワーのもと③

「大切な人たちとの仕事」

コミックにも書きましたが、私の仕事のひとつがカメラマンの親友と経営している小さな和装写真スタジオでの撮影の仕事です。

日本の合計特殊出生率（※１）は2021年で1.3人（※２）。以降も減り続けていて、我が家も一人っ子ですし、子どもの数が本当に少なくなっているなあと実感しますが、そんな中、七五三や卒業式、成人式など着物の晴れ姿で家族写真を撮るというお祝いごとのお手伝いができることは、本当にありがたいなと思います。

七五三の可愛い子どもたちの笑顔は文句なしで癒されますし、泣いても笑ってもふざけてもいうことを聞かなくても、そういうお祝いの時間があったということは大切な家族の思い出になるはず。私も自分の子どものことを思い出して幸せになります。

成人式の写真は、これまた本当に無事に成人されてよかったという気持ちと、親御さんのがんばりにも拍手をしたい気持ちでいっぱいになります。

また別に、「フォントかるた」というゲームを友人たちとチームを作って販売しているのですが、これもまた刺激的で新しい世界を見せてもらっています。他にも、フリーランスで生きている私がさせてもらっている仕事は人に恵まれ、助けてもらっていることばかり。こんな風に、大切な人たちと仕事をさせてもらえるということには感謝しかありません。

まだまだ力が足りないけれど、これから少しでも恩返しできるよう、がんばらねばと思うこともこれまた生きがいです。

感謝の心を忘れずに！
かわいく描いてニャ！

※1 15～49歳の1人の女性が一生の間に生む子どもの数
※2 厚生労働省 「令和3年人口動態統計月報年計（概数）の概況」

エンディングノート

第4章

エンディングノートは未来の自分と子どもへの手紙

エンディングノートの必要性

シングルマザーには必須！
いますぐ用意！

自分にもしものことがあったら、子どもは？と思ったことから始めた身辺の見直し
LIFE
MONEY
自分の老後を考え直すことを先にすることで
死んでしまったら——ではなく「よりよく生きよう」と考えるようになりましたが
楽しみもある！！
PLAN
やはり「もしも」の備えは必須！
書けてるとこ少なっ！
改めてエンディングノートの見直しを始めました
付箋でわかるとこだけ記入
あんなに書くことができなかったノートですが
私はもうだめだ…
第1章で「もしもの時の連絡先」はばっちり！次はお金関連ね
預貯金
金融資産
ローン
保険
カード情報
年金情報
…
おおお～まとめておいたからスルスル書けるぞ～

健康・医療や死後の希望など
ライフプランや未来予想図でシミレーションしまくったので
ああして
こうして
今の時点での希望を
遺影はコレにして…と
奇跡の1枚(笑)
かなり具体的に書き込むことができました
しかしそもそも市販のエンディングノートはシニア世代向けが多く
子育て中の現役世代には対応していません
自分用にカスタマイズしないとだめだってことだよね
シングルマザーに必要なこととかありそう…
やっぱり未成年後見人のことが知りたいな
ニャンのこともたのむ！
――というわけでまたまた安田先生に相談に……
先生！何とぞお知恵をお貸しください
他力本願寺住職すぎる
オーバーね
そうね〜自分に必要な項目を足してオリジナルなものにしていくといいわよね
オリジナル！
特に未成年のお子さんがいる場合、誰に子どものケアを頼みたいかキチンとしておくことが大事ね
未成年後見人
財産管理
困りごとの相談
生活の面倒
etc.

相談先を決めるだけじゃなく
相手にも伝えて
きちんと頼んでおいたり
おねがいします!
OK!
時には遺言書も
必要になるわ
それから
もうひとつ——
子どもへの
メッセージも
あるといいわね
お子さんへの想いも
そうだけど
意外と子どもは
親のことを
知らないのよ
大切にしているものとか
趣味のものの処分のこととか
かーさんの
好きな
こしあんの
おはぎ
だよ!
ちがうよ
私は
つぶあん
派だよ…
まあ
いいけどさ
あとは
2つに分けて
書いておくこと
入院時用
ライフデザイン
死亡時用
シークレット
入院などの時用と
亡くなった時用ね
そうか
それで
2冊に
分かれている
んですね!
納得しました!
(P14参照)
そうそう
そう……
人生は何があるか
わからない
何が起きても
困らないように
想像力を
働かせて
次ページを
参考に
カスタマイズ
してね!
はい

シングルマザーがまとめておくとよいエンディングノート項目（例）

1）もしもの時の連絡先 ▶p31参照

最初に連絡してほしい人、主治医、未成年後見人、財産を管理してほしい人
友だち、相談している専門家（FP、弁護士、税理士、司法書士、その他）など

2）お金について ▶3章参照

預貯金・金融資産　（銀行、信用金庫、信用組合、ネット銀行など）
カード情報（クレジットカード、キャッシュカード、電子決済など）
引き落とし情報の詳細
有価証券（証券会社、積み立て、持ち株など）
不動産
生命保険・損害保険
年金情報・マイナンバーカード
借入金、貸付（ローン、連帯保証、借入金など）
その他の資産（貴金属、ブランド品など）　　など

3）健康・医療・終末について

健康状態について（救急医療情報シート） ▶p13参照
介護や終末期医療について（延命治療、臓器提供、献体などの希望） ▶p133参照
判断不能になった時の財産管理について ▶p102、122、129参照
子どもの未成年後見人について ▶p122参照
ペットについて ▶p137参照 など

4）死後の希望

デジタル遺産のこと（SNSアカウントなども含む） ▶p149参照
葬儀の希望・お墓の希望 ▶p136参照
相続について（親族表など）・遺産分割について ▶p139参照
遺言書について ▶p122参照 など

5）子どもに伝えたいこと

どんなことを大事にして生きていってほしいか
親が思う子どものよいところ、素敵なところ、大事な思い出や子どもへの気持ち
親が大切にしていること・趣味
祖父母や親戚のこと、友だちのこと、家のこと
家事のこと、料理レシピなど　など

自分に必要なものを
ピックアップしよう！

エンディングノートは2冊に分けて書こう！

ライフデザイン編とシークレット編

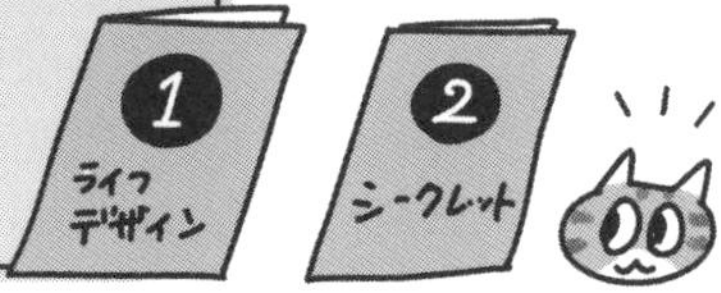
1
ライフデザイン
2
シークレット

エンディングノートの項目は2冊に分けて書いて
保管することをおすすめします
1冊は入院や介護状態になった時のため
もう1冊は亡くなった時のため
LIFE DESIGN
SECRET

ライフデザイン編
〈入院・介護の時〉

- もしもの時の連絡先
- お金について
  預貯金や引き落とし
  保険など
- 健康、医療、終末について
- 葬儀の希望など
- 生活に必要な情報
- ライフプラン
- マネープラン

シークレット編
〈亡くなった後〉

- 子どもへのメッセージ
- 周りの人へのメッセージ
- 遺産相続の希望
- 遺言書について（未成年後見人等）
- 財産の詳細
  （パスワード、印鑑、資産の保管場所）
- 金融に関する情報
- 保険証書
- 不動産登記簿

etc.

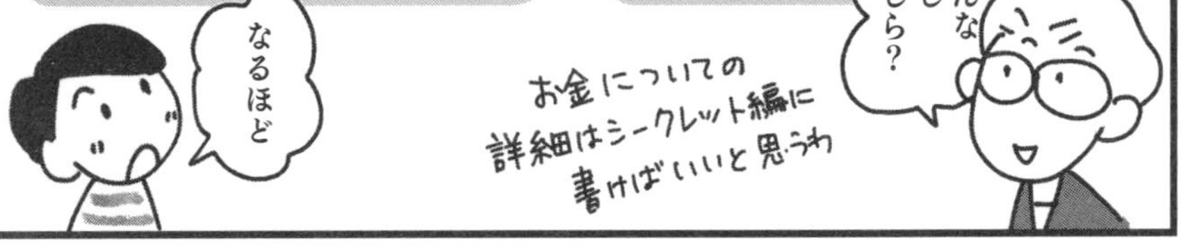
こんな感じかしら？
お金についての詳細はシークレット編に書けばいいと思うわ
なるほど

❶ライフデザイン編
〈入院・介護の時〉
1冊目は
入院・介護などについての
本人の希望や保険
預貯金や引き落としなど
家族が必要な情報と
自分自身が
これからどう生きたいかを
書き留めて
見直すもの
入院バッグと一緒に
お子さんに在り処《か》を
伝えておくと
いいでしょう
定期的に中身を見直してね
1
ライフデザイン
入院バッグ
けっこう変わる
ことも多いから
ノートには付箋で
書いておくと
いいわよ
変更があったら貼りかえる!
預金
保険
付箋
❷シークレット編
〈亡くなった後〉
2冊目は
死後見てもらうことを
想定したもの
2
シークレット
金融財
○○○へ
母より
財産や相続について
子どもや周囲の人への
メッセージを残しましょう
封筒に入れ
権利書などと一緒に
あまり目につかない
でもいざという時には
見つけられるところに
置きましょう
母さんが死んだら
ひきだしの二番目を
見て
ヒント
またか
ヒント
あった!
謎解きかよ!!
遊んでないか?
もしも
バッグ

子育て中は子どもの年齢で
ライフプランや必要な情報も
年単位で見直す
必要があります
入学
卒業
就職
受験
留学
etc.
そしたら
スマホや
パソコンで
管理したほうが
ラクじゃない
ですか？
手書きだるいし
クラウド
共有！
PC
スマホ
それもいいと思うけど
全てデジタルデータで
管理するのも
考え方次第ね
パスワードの
漏えいや
突然のサービス
終了もあるわ
ID
PW
デジタルサービスも
いろいろあるので
時代に合わせての
管理も必要に
エンディング
ノート
アプリも
あります
クラウドにはクラウドの
よさもあるけれど
いざという時に
パッと見てわかる
紙は安心な方法よ
えっえっ
アクセス
できないんですけど
基本的なことは
書面で残して
情報によっては
データ共有と
使い分けすると
いいかも
動画とか
なお この動画は
終了後自動的に
バクハツする
(嘘)
自分と子どもの
デジタル能力もあるし
教えて
もらう側？
むしろ私が
デジタル
ネイティブ
なめんなよ
このあたりは
すり合わせも必要ですね

私は数字系はパソコンでエクセル管理してるからデータの必要に応じてプリントアウトしようかな
1
入院したら見てね 2023.1
デジタル資産のパスワード類は別にまとめておくと安全
パスワードメモ
クラウド保存はさけたい
定期的に見直そう!! 更新の日付も明記しよう
クラウドにデータも保存して、書面はバックアップ
→P146 参照
2
エンディングノートならぬ ファイル！
死んだら見てね 2023.1
封筒に入れておこう!
自分がやりやすい方法でOK!
DVDやUSBメモリなどのデータは再生可能か時々チェックしよう
今はこの形がよくても使うのは何十年も先になるかもしれないし
アップデートが必要なのだ
一度作ったら終わりなものでもない
大切なのは自分がきちんと管理できること
大切な情報が伝えられること
それぞれ必要な時に役に立つようにバージョンアップしていきましょう！
マイエンディングノート
作ってみます!!

未成年後見人について遺言書を書く

子どもが未成年のシングルマザー必見！自筆遺言書を法務局に預けたぞ

間違えないように…
ドキドキ

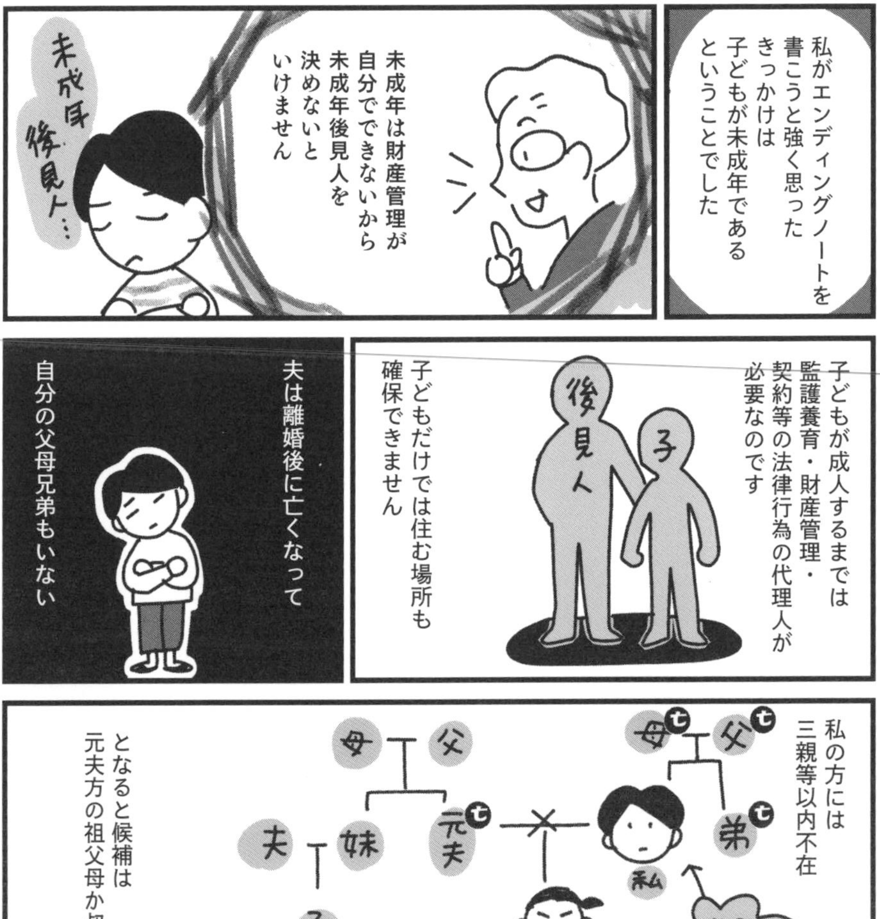
私がエンディングノートを書こうと強く思ったきっかけは子どもが未成年であるということでした
未成年は財産管理が自分でできないから未成年後見人を決めないといけません
未成年後見人…
子どもが成人するまでは監護養育・財産管理・契約等の法律行為の代理人が必要なのです
後見人
子
子どもだけでは住む場所も確保できません
夫は離婚後に亡くなって
自分の父母兄弟もいない
私の方には三親等以内不在
母
父
弟
私
イトコはいっぱいいル
元夫
子
妹
夫
子
母
父
となると候補は元夫方の祖父母か叔母

だけど、離れた土地で暮らしているので今住んでいる場所での手続きなどは大きな負担をかけてしまう……
北海道と
東京
遠いわ…
やっぱ
あとは、生きてたら元夫だったかもしれないしそれは嫌な人もいるだろうな
私ならお断りだよ…
未成年後見人は財産も預かるから信頼のおける人にしないと……
おじさんが使いこんじゃったーとかよくあるのよ
親族トラブルなどがある場合、血縁に限らず弁護士や司法書士法人が選任されることもあります
自分の信頼できる人に子どもの後見人を任せるには遺言で指定する必要があります
遺言書
遺言書
第一条 遺言者○○○○は、
未成年者である○○○○(
○月○日生)のため未成
を指定する
遺言で未成年後見人に指定された人は
遺言書
就任を拒否することもできます
就任する場合は親の死亡後10日以内に未成年者が住む市町村役所に届出が必要です
未成年後見人を引き受けます
役所

遺言がない場合や
遺言で指名された人が
拒否した場合
家庭裁判所
申し立て
決定
子ども本人や
親族・利害関係人による
申し立てによって
家庭裁判所で
後見人が選任され
決まります
未成年後見人は
大きな責任が伴うことなので
指名する場合は
きちんと
了承を得て
おきましょう
おねがいします
OK
近所に住む親戚
調べれば調べるほど
親がいなくなると
子は大変……ということで
生きねば……
切実
という気持ちが
強くなりました
でも人の運命は
明日どうなるか
誰にもわからない……
親族・財産の有無や
それぞれの事情で
誰に頼むかは本当に
ケースバイケース
Aさん
Bさん
Cさん
子どもの未成年後見人を
誰に頼むか……
それだけは決めておきたいと
考えました
やるぞ!
よし!
未成年後見人について
遺言書を作るっ!

法務省　自筆証書遺言書保管制度：https://www.moj.go.jp/MINJI/minji03_00051.html

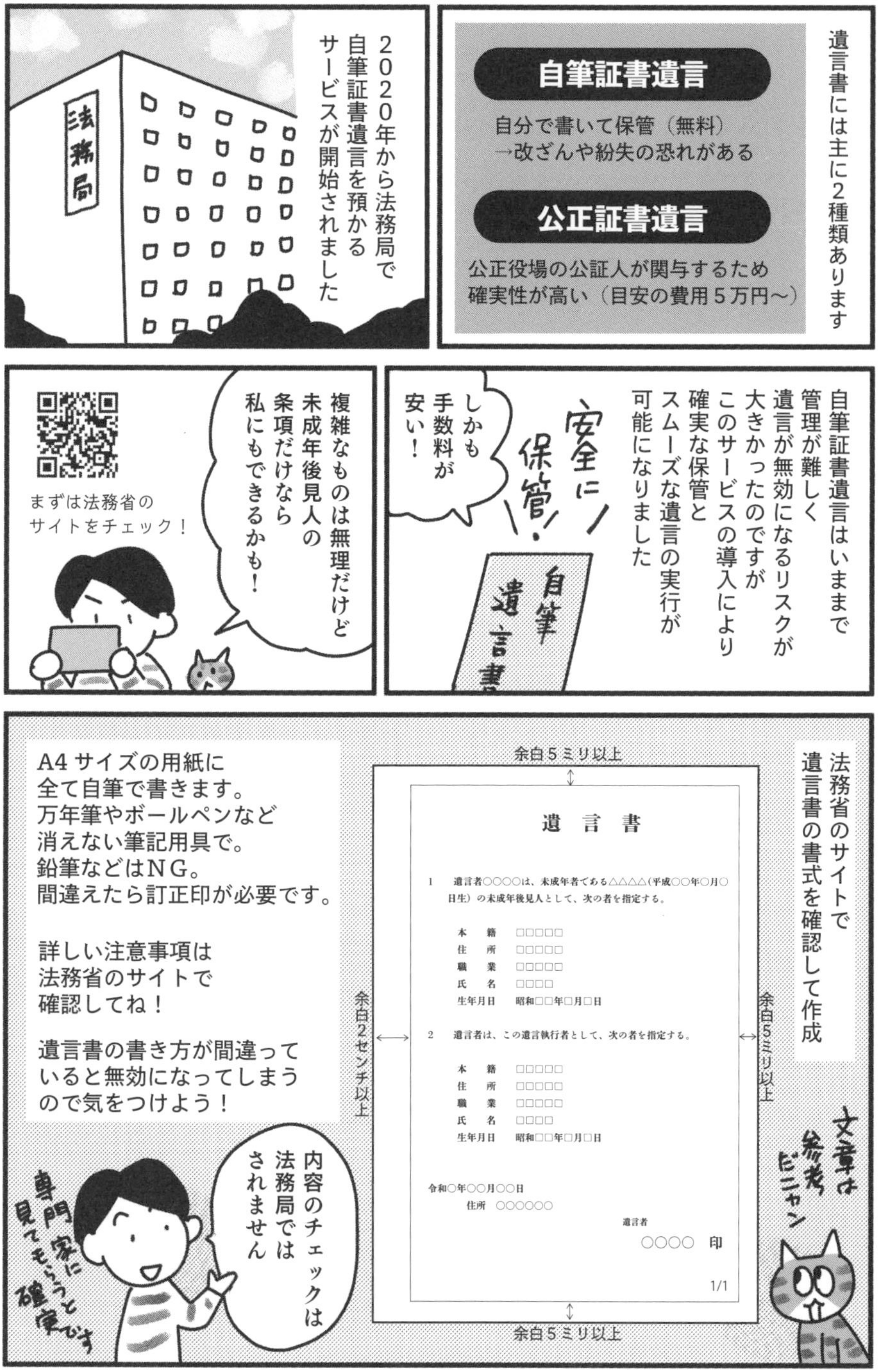
遺言書には主に2種類あります
自筆証書遺言
自分で書いて保管（無料）
→改ざんや紛失の恐れがある
公正証書遺言
公正役場の公証人が関与するため
確実性が高い（目安の費用５万円～）
２０２０年から法務局で自筆証書遺言を預かるサービスが開始されました
法務局
自筆証書遺言はいままで管理が難しく遺言が無効になるリスクが大きかったのですがこのサービスの導入により確実な保管とスムーズな遺言の実行が可能になりました
安全に保管!
自筆遺言書
しかも手数料が安い！
複雑なものは無理だけど未成年後見人の条項だけなら私にもできるかも！
まずは法務省のサイトをチェック！
法務省のサイトで遺言書の書式を確認して作成
余白５ミリ以上
遺言書
1　遺言者○○○○は、未成年者である△△△△（平成○○年○月○日生）の未成年後見人として、次の者を指定する。
本籍　□□□□□
住所　□□□□□
職業　□□□□□
氏名　□□□□
生年月日　昭和□□年□月□日
2　遺言者は、この遺言執行者として、次の者を指定する。
本籍　□□□□□
住所　□□□□□
職業　□□□□□
氏名　□□□□
生年月日　昭和□□年□月□日
令和○年○○月○○日
住所　○○○○○○
遺言者
○○○○　印
1/1
余白２センチ以上
余白５ミリ以上
余白５ミリ以上
A4 サイズの用紙に全て自筆で書きます。
万年筆やボールペンなど消えない筆記用具で。
鉛筆などはＮＧ。
間違えたら訂正印が必要です。
詳しい注意事項は法務省のサイトで確認してね！
遺言書の書き方が間違っていると無効になってしまうので気をつけよう！
文章は参考にニャン
内容のチェックは法務局ではされません
専門家に見てもらうと確実です

まずは自分で作成
ネット見て作ってみたけどこれで合っているのかな……
安田先生に相談してみると…
弁護士さんにリーガルチェック（法務確認）を受けたほうがいいわよ
ですよね…
遺言書も最初から作成をお願いすると費用も高くなりますが自作のものをチェックする形なら、相談料で受けてくれるところもあります
弁護士さんにオンラインでチェックを入れていただき
やっぱり修正があった……
遺言書
ミスがあると無効に…
消えないペンで清書、署名捺印
キエエ…自筆緊張する
※氏名や住所は住民票や戸籍の記載どおりに書きましょう
遺言書
もう一度チェックしてもらって完了！
できたーーッ
法務省のサイトから
申請書をダウンロードし原寸でプリントアウトして記入
ガ
ニャー
サイトで自分の住所や本籍地の管轄の法務局（出張所含む）を探して予約します
自分はここの法務局だな
※完全予約制です
あとは本籍地の記載のある住民票の写しと写真つき身分証明書を用意
マイナンバーカードでコンビニ発行

いざ予約時刻に法務局へ！
法務局
ドキ
ドキ
窓口で申請書のチェックを受けて
提出してしばらく待って
局内の販売所で3900円分の収入印紙を購入し申込書に貼って支払い
はい、確かにお預かりします
3,000円
500円
400円
私にもできた！
これが保管証です
保管証は再発行されないので大切に保管しましょう
遺言書に記載した氏名や住所など変更があったら変更届を出します
(変更や撤回は手数料無料)
遺言書の内容を変更したい時は、一度撤回して新たに保管申請が必要です
保管証
自筆証書遺言書保管制度を利用していることを子どもや遺言執行人に伝えておいてもいいし
遺言書があるからよろしく
保管
手続きにいかなくちゃ
遺言書が保管されていたんだ！
通知
希望すれば死亡時に指定の人に通知をしてくれます

あの……この内容
子どもが成人して
不要になったら
撤回が必要
ですか？
あとちょっとなので…
※この時点で
子どもは17歳
保管されたままだと
亡くなった時
法定相続人や遺言執行者に
遺言書をお預かりしている
という通知がいきますので
その方に不要な遺言を
見るための手続きの手間を
かけてしまうかもしれません
お子様が成人されて
遺言書が不要になれば
撤回されたほうが
いいと思います
あ、
そしたら
撤回に
来られる
ように
がんばり
ます！
そうですね！
お待ちしてます
優しい…
未成年後見人の心配が
なくなったことで
ホッとしたのと同時に
撤回できる
ように
がんばろー
新たな目標も
できたようで
申請してよかった！
と思えました
法務局

ヤングケアラーになる可能性も!?

子どもが困らないように想像力を働かせる

オレ？

先生！無事保管できました！
エライ！
よかった！死ななくても未成年後見人が必要になる場合もあるからね
えっ！
例えば意識不明になってしまって本人名義のお金が使えない場合や
後遺症や若年性のアルツハイマーなどで判断能力が低下する場合も……
OMG！
人生ハードモードすぎる
もちろんそんなことが起きないのが一番だけど備えはしておきたいもの
人の一生は重き荷を背負いて
そこまでではなくても病気で入院して働けなくなったり
介護が必要になることだって考えられます
介護と家事でお子さんに大きな負担がかかる場合も……

子どもがひとりで抱え込まなくてもいいように
○○のことは△△さんに××のことは□□さんに聞いてね
ウイ
もしもの時の相談先を提示しておくのも大切です（P31参照）
困ったら相談する先がたくさんあるということは解決方法を見つけやすいということ
友人
警察
行政
親せき
公共機関
弁護士
SNS
etc.
FP
「助けて！」といえることも生きる力なのよ
子どもが自分でイチから相談先を探すのは大変だから道標を残すのよ
大切ですね
離婚の時大変だったなぁー
どっち？
ヒント
攻略のヒントがあるなしではずいぶん違いますよね
え――こいつらの弱点は…
トラブルがあらわれた！
お子さんはもうすぐ成人だけど法的には自立にはまだまだ時間がかかるから
一人前になるまでがんばらなきゃね！
はい！
生きねば…
それから考えるのはまだ先でいいかもしれないけど

主に認知症などのケースになるけれど自分の判断能力が衰えた場合お金の管理を誰に頼むかも考えておきましょう
10000
成人した子に託す場合も
「家族信託」が必要になります
貯金
どちらかというとこれは親の介護の問題がある人向けの話かもしれないけど
誰でもいずれは老いていくものだから知っておくのも大切よ
お金の話題は本当に苦手だけど生きていく上で知っておかねばならないこと——
子どもとも折を見て定期的に話し合っておくのが大切です
年1回はやりたい
定例家族会議
私はこうしておきたいんだけど
いやこれこっちがよくね？
子どもにも自分の人生について考えてほしいなと思います
ごはーん ごはーん
おやつの予算を上げて！

医療の希望を書いておこう

介護・終末はどうしたい？

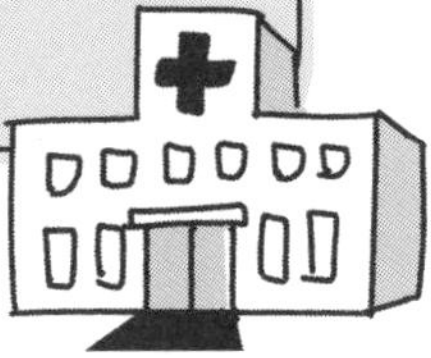

第1章で「救急医療情報シート」（P13）を作りましたが病気になった時の治療や
介護・終末についても考えておきたい……
どやぁっ
救急医療情報シート
そんなことその時になってみないとわからない――
うーん
そう思っていましたが
父さん母さんは本当はどうしたかったのかな……元夫も……
チーン…
両親や元夫の病気についても折に触れ、考えることがあり
自身の考えを示しておくことは
これでひとつ頼む
おう
できる範囲でOK
子どもの負担を減らすことでもあると思い至りました
人の命に対して自分がジャッジを下すというのはけっこうしんどいもんな～
延命とか……
ああすればよかったとか
いろいろ後悔もするし…
自身の健康状態とあわせて
医療の希望は書いておきましょう

現在の健康と医療の希望についても書いておこう。記入した日付も忘れずに。

自分の体のこと

加入している健康保険
保険者名（　　　　　）記号・番号（　　　　　　）

・健康状態・体調　夜眠れない、膝が痛い、物忘れが激しいなど

・かかりつけ医　内科・整形外科・眼科など

・持病　病名・いつごろから・どのような状態

・過去の病気・手術歴

・アレルギー　薬・食べ物・花粉など

・保険証・診察券・お薬手帳の場所

・その他

介護に対する希望

・判断能力がなくなった時、介護の方針を決めてほしい人（　　　　　　　）

・介護が必要になった時、どのように介護してほしいですか？

□自宅で家族に介護してほしい　□介護認定を受け積極的に介護サービスを利用する
□介護サービスを利用して自宅で介護してほしい　□施設での介護を希望する
□その他

・介護の費用

□特に準備はしていない　□民間の介護保険に入っている（保険会社　　　　　　　　）
□年金や預貯金などでやりくりしてほしい　□自宅を売却して入居金や生活費に充ててほしい
□判断は家族に任せる　□その他

最期の迎え方について

・傷病で意思表示ができない状態になった時、自分の意思を医療従事者に伝えてほしい人（　　　　　　　）

・告知について（希望する・しない・その他　　　　　　　　）

・献体・臓器提供について（希望する・しない・その他　　　　　）

・余命がわずかになった時の過ごし方

□延命治療を希望する　□延命治療だけの治療は希望しない
□痛みの伴う検査や治療は受けたくない　□苦痛の緩和は最大限やってほしい
□胃ろう、鼻チューブ、静脈への栄養などの人工栄養は受けない　□判断は家族に任せる
□その他

お葬式やお墓はどうするの？

自分のお葬式プランニング？ペットのことも考えよう

うーむ
ニャーのも考えて
MY PLAN

コロナ禍でお葬式の有り様がずいぶん変わり
家族葬などこぢんまりと行うことが増えた気がします
私自身は田舎のしきたりで父と母を見送りましたが
私の力ではなく、親戚のおかげでやってもらったようなものでした
←いるだけ
葬式ってホントイベント運営能力がいるんだよな〜
決めることばっかり
連絡
契約
手配
仕切り
注文
会計
セルフプロデュース希望とお金の手配と
私の葬式セットリスト
こうしてほしいと示しておくだけでもかなり遺族の負担は減るかも
地方の慣習に従うこともあるだろうし希望も人それぞれだとは思いますが
やっぱ予算でしょ……
ぶっちゃけ
あとは葬儀をとりしきる人――
子どもが社会経験を積むまではやっぱり頼れる人がいないと…

葬儀社に生前予約をしたり、いろいろな方法がありますが
うーん
考えると眠れない
だいたい死ぬ時どこに住んでるかもわかんないし
重い…(物理)
まあおいおいでいいか!
現時点でざっくりとした希望を書いておけばOK
棺に入れてほしいものや遺影の指定など書いておくのもよいでしょう
自分セレクト♥
大好きなきものを棺に入れて!!など
親の葬儀をする可能性のある人は
葬儀社
それも含め業者さんのあたりをつけておいてもいいかも
墓の希望も大切
いっそ樹木葬でも……
墓終いのことで絶賛お悩み中
また、ペットは飼い主の死後面倒を見る人がいないと保健所に送られてしまいます
えっ!マジですかニャ!
行く先を作っておいてニャ!!
託せる先のことも考えて書いておきましょう
気が変わったら変更してもいいしあまり考えすぎずに取り組んで
とはいえ基本、死後の供養は残された人の心の安定のために行うものではないでしょうか
○○家之墓
リクエストはしておくけど応じなくてもいいといい添えておけるといいですね

葬儀の希望

葬儀を（する・しない）

□直葬　□家族葬　□一般葬　□その他（　　　　　　　　　　　　　　　）

宗派（　　　　　　　　　　　　　　）　菩提寺など（　　　　　　　　　　　）

葬儀社・互助会・事前に予約している業者（　　　　　　　　　　　　　　）

資金　　□準備なし　□保険（　　　　　　　）　□預貯金で　□任せる

棺に入れてほしいもの（

　　　　　　　　　　　　　　　　　　　　　　　　　　　　　　　　　　）

遺影に使ってほしい写真（　　　　　　　　　　　　　　　　　　　　　　）

飾ってほしい花、かけてほしい音楽など（

　　　　　　　　　　　　　　　　　　　　　　　　　　　　　　　　　　）

その他

お墓や納骨、供養の方法についての希望

□先祖代々のお墓

□購入したお墓

□個人墓（合祀）

□永代供養

□納骨堂

□樹木葬

□散骨（海洋・宇宙）

□自宅に置いてほしい（期間：　　　　　　　　　　　　　　　　　　　　）

□手元供養にしてほしい（アクセサリーにする。遺骨をダイヤモンドにするなど）

□判断は任せる

□その他

ペットについて

名前：

種類・年齢・性別

避妊・去勢

登録番号・血統書

持病・既往症

食べもの

好きなもの

性格

かかりつけの動物病院

ペット保険

ペットに何かあった時の供養の希望

ペットを託す人

ペットのために、遺言を

自分の死後ペットの面倒を見てもらうために、お世話をしてくれる人に財産を残すという遺言を残すこともできます。どうしたらいいかわからないという場合は、ペットの保護団体やNPO、法律の専門家などに相談してみてください。

家系図をまとめておこう
相続・本籍についても知らせておこう

ルーツを探れ!

私が亡くなった場合は相続は100%子どもとなりますが、その他子どもが親戚の相続人となり得るケースがあります
母方の親族だけじゃなく父方の親族も子の血縁
祖父
祖母
父
叔母
子
従兄弟
お付き合いのほとんどない親戚についても知らせておきたい
これ母さんの親族表ね
えっ何!
おばあちゃん13人兄弟ってマジ?
従兄弟《いとこ》23人もいるの?
なんか有名人になると遠い親せきっていっぱい現れるらしいから気をつけてね
あ、そうなの?
——という冗談はさておき
だまされニャイで!
自分のルーツについて知らせておきましょう
戸籍謄本はどこでとればいいかとかも伝えておくとスムーズです
それぞれの本籍地
出生
結婚
離婚
死亡
どんな人だったとか面白エピソードとか自分につながる人のことを教えておきたい
じいちゃんはさ——
マジ?
ヤバ!
それもみんなが生きていた証《あかし》ですよね

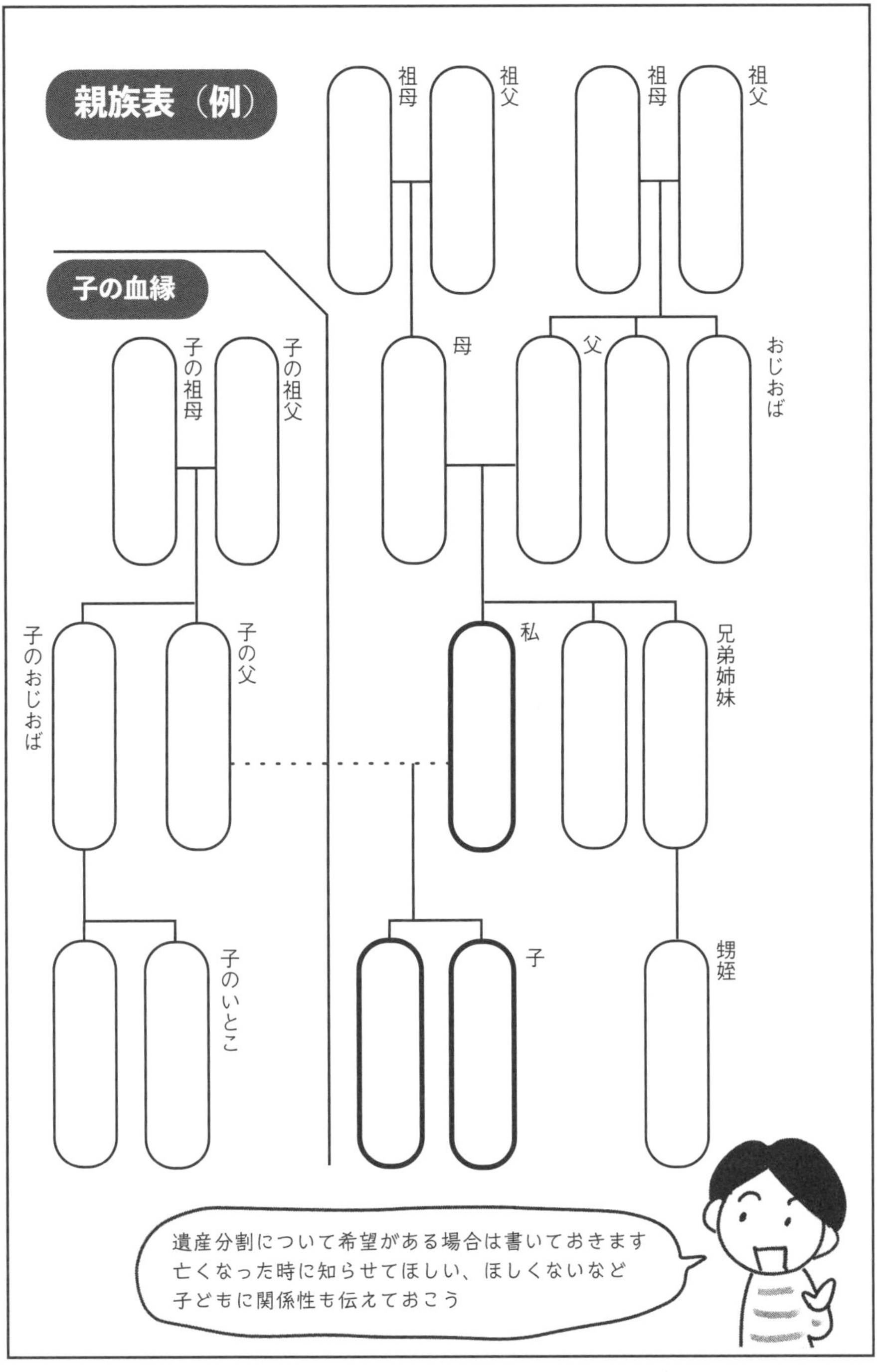
親族表（例）
祖母
祖父
祖母
祖父
子の血縁
子の祖母
子の祖父
母
父
おじおば
子のおじおば
子の父
私
兄弟姉妹
子のいとこ
子
甥姪
遺産分割について希望がある場合は書いておきます
亡くなった時に知らせてほしい、ほしくないなど
子どもに関係性も伝えておこう

知らせてほしい人リストとお礼の言葉

親戚や友だちを大事にしよう

Thank you!

葬儀といえば誰に連絡してほしいかっていうのがあるな～
親戚と友だち仕事先……
LIST
LINE
お葬式はこぢんまりとしてほしいから出席してとかじゃなくて……
お世話になったお礼を伝えたいな……
逆に連絡してほしくないケースもあるでしょう
ブロック
NG
連絡してほしい人の名前 自分との関係 子どもとの面識の有無
親せきのことはAさん
母の友人のことはBさん
お世話になったC先生
全員に連絡してもらうのは難しいので友人だったらグループのキーパーソンに代表で伝えてもらうとか
ニャーも知ってる
この人はおやつくれた人ニャ
書き出しているといかにたくさんの人にお世話になっているか身に染みて……

人間関係のよい見直しになるとともに
日々のお付き合いを大切にすることができます
LIST
親せき
友人
やはりお礼は生きているうちにちゃんと伝えねば……
自分のご恩の返せてなさすぎを猛省——
YES!
子どもに伝言を頼む以外に
LIST
□□さんへ
○○さんへ
アナログ
デジタル
MAIL
今はSNSや亡くなったらお礼メールを送信してくれるアプリやサービスなどもあるので活用してもよいでしょう
私自身は母が亡くなってしばらく
お母さんにたのまれていたからね
地元のお米
郷土のおすし
お母さんの代わりやよ
親戚や母の友人の皆さんに助けてもらって本当に心が救われました
それはやはり母が「それをやってあげよう」と思ってもらえるような生き方をしてきたということ……
母のようにはできないけどリストを作ることで日々感謝の心を忘れず人を大切にすることが
豊かな人生を送れることにつながるのではと改めて感じました
ありがとう
感謝

身の回りの整理

親の趣味や大切にしているものは意外と子どもは知らない

イヤイヤ・いつか
着るっ

人が亡くなった後
遺品処分も悩むところ
ではないでしょうか
どーすんの
このCDと
レコードの山
何千枚
あるの
元夫が亡くなった時
いろいろ処分したのですが
身綺麗で音楽の持ちもの
以外は少なかったのに
本当に大変でした
友人にもらってもらったり
中古屋さんに売ったり
インターネットオークションに
出したり
粗大ゴミ以外にも
ゴミ回収のトラック載せ放題
サービスを頼んだり
けっこうな時間と費用が
かかりました
人ひとり分の荷物って
マジ多い……
私、ヤバイ……
なぜなら私は
多趣味のため込みタイプ
……
一度趣味と仕事の
着物関係で
収納破綻を
起こしたこともあり
……
確実に子どもに
迷惑かけるやーつ…

なんとか自分のものは減らしておきたい……
総量を決めるっっ
たんすに入る分だけ
プラース！
どーん
片付いてない山の土地と実家と墓！
まずは自分の受け継いだものを
ははァ…
がんばー
ガクー
なんとかする宿題が……
遺品処分で辛いのはゴミにすること……
故人の分身のようなものたちを捨てるのは本当にしのびなく
もったいない…
誰かの役に立たないかな…
捨てたら怒られそう
私自身はとにかく自分でジャッジするのがしんどかった……
持ちものにも思い入れのあるものとないものがありますよね
洋服は捨ててもらっていいけど
茶道具と着物は友だちに託したいな
どう処分してほしいかを書いておけば処分する人の助けになるのでは
洋服→捨てて
着物→○○○ちゃんに見てもらって
茶道具→〃
本→捨ててOK 売れれば

いうても
そんなに
高価なものも
持ってない
ダイヤも
ブランド品も
ない
どんなに大切なものでも
思い入れのあるものでも
あの世には
持っていけないし
自分が死んだら
全部ゴミ……
実家も名前も
受け継いだものも守れず
ただ終わりにするしか
できないであろう
私がいえることは
ひとつ……
あんたが
いらなければ
全部捨てて
いいよ！
自由に
生きな！
キラーン
なーんてな
これは本当は
自分にもいってほしい
ことなのかも
モノの山
すぐに片付けなくてもいいし
希望通りにしなくても
できる時にできる範囲でいい
自分の
ためにも…
でも、整理方法の希望を
書いておくと、自分の
気持ちも整理できますよ

身の回りの整理についてまとめよう

身の回りの整理について任せたい人

名前	連絡先

生活品の処分

デジタルデータについては次ページへ

品名	処分の方法　中身を見ずに捨てて欲しい、寄付してほしい　○○さんにあげて、□□さんに聞いて、など
パソコン	
スマホ	
タブレット	
日記	
写真	
書籍	
衣類	
アクセサリー	
食器類	
⋮	
⋮	

脱退手続きが必要な団体の連絡先

その他

※オタクの人たちの「自分に何かあったら趣味のブツを穏便に処分して」という古の呪文（笑）。『風の谷のナウシカ』より

デジタル遺産はどうするの？

クラウドサービス活用で
データを渡す

cloud

スマホやパソコンのデータをクラウドに保管している人も多いと思います
Apple iCloud
google ドライブ
Microsoft OneDrive
Dropbox
いろいろあります
iPhoneユーザーの場合2021年12月より「故人アカウント管理連絡先」というサービスが開始
故人アカウント管理連絡先
iCloudのアカウントにアクセスを可能にしたい人の連絡先を登録するとアクセスキーが発行されます
本人にメッセージを送るか
アクセスキーの共有方法を選択
プリントアウトして保存
ユーザーが亡くなったらそのアクセスキーと死亡証明書をAppleに申請すればデータが見られる仕組み
データは3年間保管と……
フムフム
仕事で使うPCもタブレットもAppleだからこれでデータのバックアップはいいかな
仕事柄ずっとAppleユーザー
見られたくないデータはGoogleなど他のサービスにアップするなど工夫しても（笑）
積荷は見ないで…（笑）

Googleアカウント
メインで使っている人は
「アカウント無効化管理ツール」
を使えばOK
これは設定した期間
ログインがないと
データが消える仕組み
連絡先を指定しておけば
相手に情報が
共有されます
どのデータを共有するかも
選べます
写真だけ共有！とか
すべて選択
クラウドも
さまざまなものがあり
規約やサービスも
どんどんと
変化しているので
たまには見直しが
必要です
基本的には
現実の身の回りのものと
同じで
いかに整理・分類ができて
いるかが鍵に
普段から
どこに何を保存するのかは
テキトーにつっこみすぎ
デジタルの世界でも
大切なことでした……
よく考えてニャ…
クラウドで必要なデータが
引き継げれば
パソコンやスマホが
壊れていても安心だし
スマホもPCも中味は見ずに全部消して！！
といえますね
別にやましくはないけど（笑）
あとはデジタル遺品で
問題になるのが
インターネットの
各種サービスの解約
株含むネット口座
SNS
サブスクサービス
などなど…

このあたりの解約などは
スミマセン
解約を
元夫の時に散々苦労したのでスッキリ整理しておきたい
しかし自分でもネット口座を忘れていたぐらいなので
先に謝っておきたい……
前科者
欲望のままに入ったサービスなど整理は必須……
おもしろそー
入会は易く退会は難し…
それから電子書籍やダウンロード型の音楽配信サービスなどは家族には譲渡・継承できないので気をつけましょう
BOOK
家族の共有サービスにしていたりすると契約者の死亡で全て見られなくなることも……
おわっ
終了
※今後サービス内容が変わっていく可能性もあります
SNSやブログホームページをどうするかも考えておきたい
くう〜インターネット老人会、いっぱいやることある〜
時代とともに有り様も変わってきたデジタルとのお付き合い
1990
2000
2010
2020
2040
2050
変化に気をつけてその時ベストな対処が選べるといいですね

デジタル遺品チェック

デバイス
- □スマホ
- □パソコン
- □タブレット
- □外付けHD、USBメモリ、DVDなど

パスワード（PW）を伝える、中身を消去してほしい、廃棄してほしいなどそれぞれについて希望を書いておこう

資産関連
- □銀行口座（銀行ネット口座　ネット銀行）
- □証券口座（ネット証券、NISAなど）
- □モバイル決済（電子マネー、〇〇Pay、交通系非接触型など）
- □ポイント（マイレージ、モバイル決済のポイントなど）

解約するもの
- □プロバイダ　□スマホ料金
- □サブスク　□クラウド利用　□アプリ利用　など

データ
- □写真　□動画　□仕事のデータ　□エンディングノートなど

SNSなど
- □LINE
- □Twitter
- □Facebook
- □Instagram
- □TikTok
- □Mixi
- □運営ブログ
- □ホームページ　など

それぞれIDとPWをどう伝えるか自分にベストな方法を考えておこう！

PW保存のクラウドサービスもありますがどこまで信用するかは自分次第です

私はプリントアウトして別保存派※
PW メモ
読めないのを
防ぐため

メッセージ動画を残そう

エンディングフォトも撮っておこう！

Hi
いつでも会える

今の若い子達と違って我々の年代はあまり動画が得意じゃない人も多いのでは――
Tik Tok
YouTube
基本活字派だがね！
老眼鏡…
自分が撮られる側だとなおさらです
あっあっえっと…
カチ
コチ
キンチョーしすぎじゃね
でも今はスマホで気軽にビデオレターを残せる時代
元気？
ごはん食べた？
ニャー!!
ちょっとしたメッセージを短くていいので撮っておくのをおすすめします
人にもよりますが亡くなった人の話す声、動く姿は意外と残っていないものです
もう再生できなかったり…
なつかしのVHS
mini DV
DVD
私は友人が撮ってくれた母の動画が宝物
あるだけでも安心します
母さん…

硬くならずに
あの世からの
留守電くらいの
気持ちでいいのかも
イエーイ
動く遺影的な…
撮った動画を死後
指定の人に届けてくれる
サービスもあります
どもー
わにこです!
年に一度
お正月や誕生日などに
撮り直すと
2022
2023
2024
伝えたいことの変化や
今自分が気になって
いることの見直しにも
なりますし
ちょっと面白い記録に
なるかも
あとはやっぱり
エンディングフォト
(遺影)を
撮っておきたい
これ使って!
盛りすぎじゃろ!
わはは
自分の姿を
客観視もできますし
綺麗に写れば
自己肯定感もあがる(笑)
来年はもう少し痩せて撮るぞ!
がんばれ
子どもが見ても見なくても
自分が生きてる日々の一里塚としても
おすすめです
ありがとう!
今日も一日
幸せに——!!
ニャー!

ノートの保管場所とバッグの用意

鍵付きの「もしもバッグ」に母の想いも入れておこう

エンディングノートのライフデザイン編とシークレット編のファイルとバッグの用意ができました
ライフデザイン編はそんなに神経質にならなくてもいいけど
母の残したバッグ
シークレット編は死んだ後に見られるから手紙や好きなメニューのレシピとかも入れちゃおっかな
おかん心バクハツ
非常食はいらないか
いらない!
からあげとか
あとは置き場所だけど
キョロキョロ
どこが安全?
どうしよう
昔の家によくあった耐火金庫などは開けられないというトラブルもありました銀行の貸金庫という方法もありますが費用もかかりますし契約に気をつけないと子どもが開けられないことも
仏壇とかもよく聞くニャ
空き巣に見つかりやすい場所ではなく家族や自分が見つけやすい場所が望ましい
昭和的…
あとは場所を子どもだけに伝えておきましょう
母さんが死んだら見て!
おう

まとめ！

❶ 入院バッグ（ライフデザイン編）

自分が動けなくなった時に見てもらうもの

- もしもの時の連絡先
- お金について　預貯金や引き落とし・保険など
- 健康、医療、終末について
- 葬儀の希望など
- 生活に必要な情報
- ライフプラン
- マネープラン

当座必要な
お金の入った
口座のカードなど

エンディングノート・
ライフデザイン編

▶ p118～参照

❷ もしもバッグ（シークレット編）

自分が亡くなった時に見てもらうもの

封筒に入れて！

- 子どもへのメッセージ
- 周りの人へのメッセージ
- 遺産相続の希望
- 遺言書について（未成年後見人等）
  保管制度を利用していれば保管証など
- 財産の詳細
  （パスワード、印鑑、資産の保管場所）
- 金融に関する情報
- 保険証書
- 不動産の権利書

etc.

エンディングノート・
シークレット編

▶ p118～参照

できたら鍵付きのバッグがおすすめ！

子どもやお世話になった人へのメッセージは意外と重要。
お願いごとだけでなく、感謝の気持ちも伝えたい。
いざという時のために備えとして用意するだけでも、
安心して暮らしていけます！

というわけで、エンディングノートとバッグ、完成しました!
どやぁー
がんばりましたね! でもまだこれで終わりじゃないわよ?
えっ!
ライフプランやエンディングノートは
書いたらそれで完成じゃなくて
見直してその都度方向修正をして
こっち
その役目がきちんと果たせるものなのよ
現役世代は忙しいけど走りながらプランを確認&見直しをしてね!
年に一度は資産のチェックも…
そう――ライフプランもエンディングノートも書いたらそれで終わりじゃない
状況はどんどん変わっていくものだから未来のことも柔軟に考えていきましょう!
はい!
ありがとうございます!
ヨシ!
PLAN

コラム

シングルマザーのパワーのもと④

「子どもの成長はなによりの喜び」

中高生の子どもを持つシングルマザーの悩みは、学校のこと、友だちのこと、生活のことなどなど、たくさんあると思います。コミックには私の実体験を少しだけ盛り込みましたが、同じように「本当にこれでいいのかな」と日々悩む方もいると思います。

子どもに負担をかけていると思いながら、なかなか家のことに手がまわらなかったり、離婚したての頃に「なんでほかの家のお母さんは宿題や持ち物とかいろいろ見てくれるのに、うちはほったらかしなの」といわれて落ち込んだこともあります。コロナ禍では、反抗期とドン被りで、トゲトゲと過ごした日々もありました。

でもそんな環境でも子どもは大きくなり、家事なども助けてくれるようになり……。それまでずっと知らん顔だったのに、先日は誕生日にご飯をご馳走してくれました。びっくりするやら嬉しいやら。いつのまにか、そんなことができるまでに成長していたんですね。

無事に独り立ちできるまで、がんばるぞというのが今の私のパワーの源です。

そしてひとり親家庭で育った子どもたちがどんな風にこの先、生きていくのかを知る資料や数字はありませんが、独立してどんな人生を歩んでも、ずっと子どもは母親の生きがいなのだろうな、と思います。

大きくなあれー
いやもう母さんより大きいし

おわりに

ノートを書いてよかったゾ

ライフプラン・マネープラン エンディングノートのすすめ

PLAN

本当に私の人生は
ノープランの
行き当たりばったり
家計や予算
お金の話も苦手で
見て見ぬふりでした
これは
ヤバイ
かも……
入院を機に
エンディング
ノートに取り組もうと
決意したものの
なかなか進まず
プロに相談することに
まかせなさい!
安田先生♥
エンディングノートを
書くはずが
えっ!
ライフプラン?
マネープランも?、
無理!!
できない
激しく拒否反応が
出る私(笑)
でも、順を追って
必要な情報をまとめたり
自分の願望や気がかりを
リストにして棚卸しを
していくうちに
書き出すと
考えが
まとまる!
スゴイ…
自分の死後のことだけでなく
これから生きていく未来に
目を向けることができるように
なりました
自分に何かあったら……と
悶々としていたことも
改めて未成年後見人について
勉強して遺言書を書いたり
私にも
できた!
遺言書

引き受けてくれてありがとう…
連絡先をまとめたりしたことで大きな安心感が生まれたくさんの人に支えてもらっていることに感謝できました
シングルマザーや同年代の友だちにも相談しみんなそれぞれ抱える悩みも状況も十人十色だと実感
しんどいのは私だけじゃなかった……
抱えていた不安が薄らぎ
光が
まあなんとかなるかと希望が見えた気がします
見えた!?
いつまでも子どもは小さいままじゃないんだ……
PLAN
やがて巣立つ日がきて
おひとり様になる日も近い
もうすぐ大人になる子どもとの最後の日々
プラン
エンディング
来るべき老後はどんなふうに迎えたらいいか
ノープランを卒業したら気持ちが楽になりました
以前の私みたいに
生きていくのに精一杯でそんな先のことなんか知りませんよ!
逆ギレか→
——と思う人ほど
ちょっと深呼吸してライフプランに取り組んでみてほしいです!
変わるわよ!

あとがき

「エンディングノートを書かなきゃ！」と思ったのは、自分が死んでしまったら子どもはどうなるのだろう？という想像をした時でした。気がついたら、シングルマザーで親も兄弟もいなくなっていた自分に気がついて、結構これってやばくないかと、初めてその時思ったのです。

考えてみると毎日生きていくだけで精一杯でいろんなことを後回しにしてしまっていました。今日一日が終わればいい、今日の締め切りに間に合えばいい。とてもこの先起こることに対して、何かを準備しようというような余裕がありませんでした。

そんな生活の中で見て見ぬふりをしてきた、人生の問題がてんこ盛り。両親がいなくなった実家の空き家問題や墓終い、アルコール依存症の元夫との離婚の後始末、子どもの進学、そして日々の仕事。その場その場で繕《つくろ》って、自分のことなんか後回し。

エンディングノートのことを思い立って、一般社団法人エンディングメッセージ普及協会の理事長でありマネーセラピストの安田まゆみ先生にご相談をした時には、自分が死んだらとばかり思いつめていましたが、自分のやりたいことや気がかりなことをリスト化したり、未来予想図を考えたりしていたら、これからどう生きるか？　やりたいことをやるにはどうしたらいいか？　という方向に、気持ちが向いていきました。

ライフプランと同時に、マネープランもパンドラの箱。数字が何より苦手な私ですが、「どんぶりでもいい」

という言葉に励まされ、向き合うことに。

子どもの進学費用や老後マネーなど、不安に対して現状の数字を把握することで、無闇《むやみ》に怯《おび》えなくてもいいと思うことができました。

現実と向き合うことは、かなりパワーのいることだし、とてもそこまで辿《たど》り着けないこともあるでしょう。離婚後間もない頃には、多分できなかったかもしれません。こうして問題に向き合えたのは、気力も戻り、先に進めるタイミングだったからなのだと思います。

最後まで、伴走してくださった安田先生には感謝しかありません。

また、たくさんの友だちが相談にのってくれたことも本当に心強く、うれしいことでした。

この本に書いたことは私の個人的な問題ですが、読んでくださった方の悩みや不安の解決のきっかけになったり、心が軽くなることがあればと願っています。

この本を書くにあたってお世話になりました全ての皆様、取材させていただいた皆様、本当にありがとうございました。また出版に際してご尽力いただきました菊池企画の菊池真さん、デザイナーの原沢ももさんに心より感謝いたします。

最後まで読んでくださってありがとうございました。

星わにこ

著者
星わにこ（ほし・わにこ）
コミックエッセイスト。
着物に関するお役立ち情報ＷＥＢコラム「オトナの着物生活」（いち利モール）を10年間連載中。
著書に『その着物、どうする？　好きだから知っておきたい保管・メンテ・処分の方法』（河出書房新社）、『「愛のあるユニークで豊かな書体。」フォントかるたのフォント読本』（共著・エムディエヌコーポレーション）ほか。
「猫と着物とわにこ」http://wani.upper.jp/

監修
安田まゆみ（やすだ・まゆみ）
女性を応援するマネーセラピスト。
著書に『そろそろ親とお金の話をしてください』（ポプラ新書）ほか。
「一般社団法人エンディングメッセージ普及協会」理事長 https://ending-message.com/
「元気が出る　お金の相談所」所長 https://www.my-fp.net/

STAFF
デザイン・DTP／原沢もも
校正／株式会社円水社
編集／株式会社菊池企画
企画プロデュース／菊池　真

53歳シングルマザー
ライフプラン見直しました

発行日　2023年3月5日　初版第1刷発行

著者　星わにこ
監修　安田まゆみ
発行者　竹間 勉
発行　株式会社世界文化ブックス
発行・発売　株式会社世界文化社
〒102-8195 東京都千代田区九段北4-2-29
電話　03-3262-5129（編集部）
電話　03-3262-5115（販売部）
印刷・製本　中央精版印刷株式会社

©Waniko Hoshi, 2023.　Printed in Japan　ISBN978-4-418-23401-1
落丁・乱丁のある場合はお取替えいたします。定価はカバーに表示してあります。
無断転載・複写（コピー・スキャン・デジタル化等）を禁じます。
本書を代行業者等の第三者に依頼して複製する行為は、たとえ個人や家庭内での利用であっても認められていません。